·交易大师系列·

[美] Mark Minervini 著
张洞 马斐儿 译

股票魔法师 II

像冠军一样思考和交易

Think & Trade Like a Champion

The Secrets, Rules & Blunt Truths of a Stock Market Wizard

電子工業出版社
Publishing House of Electronics Industry
北京•BEIJING

内 容 简 介

像冠军一样思考和交易，使你终生受益的交易知识！

你将学习到如何：

- 像专业人士一样阅读图表
- 像手术刀一般精准买入
- 最优的头寸管理
- 戏剧性地降低风险
- 最大化收益
- 保护并及时锁定收益
- 避免代价巨大的错误
- 控制自己的情绪
- 做一个成功的计划

在书中，美国投资冠军、《股票魔法师——纵横天下股市的奥秘》作者 Mark Minervini 将向你一步步展示如何运用那些经过时间考验的规则改善你的投资回报，同时培养获得超额回报的自信。

作者还揭示了让他成为美国最成功的股票交易员之一的交易规则和秘密技巧，你将学习到如何在自己的交易中运用，从而真正像冠军一样交易！

版权贸易合同登记号　图字：01-2017-6971

图书在版编目（CIP）数据

股票魔法师. Ⅱ，像冠军一样思考和交易 / （美）马克·米勒维尼（Mark Minervini）著；张洞，马斐儿译. —北京：电子工业出版社，2018.4
（交易大师系列）
书名原文：Think & Trade Like a Champion - The Secrets, Rules & Blunt Truths of a Stock Market Wizard
ISBN 978-7-121-33577-8

Ⅰ. ①股…　Ⅱ. ①马…　②张…　③马…　Ⅲ. ①股票投资－基本知识　Ⅳ. ①F830.91

中国版本图书馆 CIP 数据核字（2018）第 018507 号

责任编辑：高洪霞
印　　刷：三河市鑫金马印装有限公司
装　　订：三河市鑫金马印装有限公司
出版发行：电子工业出版社
　　　　　北京市海淀区万寿路 173 信箱　　邮编　100036
开　　本：720×1 000　1/16　印张：12.75　字数：210 千字
版　　次：2018 年 4 月第 1 版
印　　次：2021 年 2 月第 16 次印刷
定　　价：79.00 元

凡所购买电子工业出版社图书有缺损问题，请向购买书店调换。若书店售缺，请与本社发行部联系，联系及邮购电话：（010）88254888，88258888。

质量投诉请发邮件至 zlts@phei.com.cn，盗版侵权举报请发邮件至 dbqq@phei.com.cn。

本书咨询联系方式：（010）51260888-819，faq@phei.com.cn。

译者序

经过几十个夜晚的挑灯翻译，我和妻子终于联合翻译完了这本书。忘不了妻子怀孕时还忙着校对修正内容，忘不了翻译途中女儿降生的喜悦，也忘不了初为人父、初为人母的手忙脚乱。保存好文件并合上电脑，今天是翻译完成的日子，刚出生的女儿也在今天凌晨迎来了满月。感谢上天把她赐予我们，2017 年最好的礼物应该就是女儿的诞生了。希望能用这本书纪念这一时刻，也以此纪念我们初为人父、初为人母的日子。

这是我和妻子第二次联合翻译，也是我翻译的第二本米勒维尼的书。相比之下，明显感觉本次翻译得更加得心应手，用词也更加准确。在券商资管岗位工作的这两年，让我对于二级市场的策略、交易方式有了更深入的了解，也希望我的成长能够通过本书的文字，传递到各位读者之中。

综合看米勒维尼这两本书，《股票魔法师——纵横天下股市的奥秘》更偏重于作者理论框架的建立，以及思考逻辑的阐述。《股票魔法师 II——像冠军一样思考和交易》更像是对第一本书的展开与补充，并且本书更注重风险把控方面的内容。如何控制仓位，怎么寻找最佳的买入、卖出时机，这些知识并不复杂，但需要真正掌握，才会有实用价值。

引言——像冠军一样思考并交易的第一步

怎样思考，就有怎样的生活。

——拉尔夫·沃尔多·艾默生

本书将使用永恒的规则和成熟的技术帮助你掌控股票交易。通过阅读本书，你能解决那些最为困难、最令人困惑的问题。比如：如何让短期的胜利变为长期的收益？在你的止损线被触及前应在何时进行斩仓？怎样建立起最适宜的头寸数量？什么时候买、什么时候卖？在事后复盘时，究竟要分析哪些内容，才能克服你的弱点并为成功夯实基础？

在我的第一本书《股票魔法师——纵横天下股市的奥秘》中，我为那些有兴趣学习我的 SEPA 交易策略的人提供了一些基础性内容。虽然我从来没有想过要写一套包含上、下两卷的书籍，但由于版面所限，许多没能包含在第一本书里的内容，我放在了本书中。

在本书中，我将透露基于我本人 33 年投资经验和实际成功交易案例的投资秘诀。这些无价的实操策略使我成为美国投资冠军，并将数千美元转化为数百万美元的财富。

也许你不像我拥有 30 多年的投资经验，但用我的知识作为你的起点，你就拥有了非常有价值的东西，这些东西可以明显地缩短你的学习过程。这意味着，你完全有机会实现比我更大的成功。

也许你会想，马克之所以能成为一个冠军投资者，是因为当时做股票交易更容易，或者是因为马克天赋异禀，或者是因为马克有一个可以给他某些优势的背景。在此我可以负责任地告诉你，这些都是谬论。刚开始的时候我很贫穷，几乎没有教育背景或起始资本。当我开始进行股票交易时，单笔交易佣金达数百美元，而在今天，单笔交易佣金只有 5 美元或 10 美元。那时候的买卖价差通常为 2 美元或 3 美元，而现在的价差只有几美分。最重要的是，那时候几乎没有获取更优知识的渠道。而今天，你可以直接获得过去只有华尔街精英才能得到的工具和知识，以及你所需的一切信息。所以，现在正是开始股票投资的好时机。

但众所周知，即便是有了正确的知识、辛勤的工作和实践，交易成功也未必唾手可得。努力工作但践行错误的人，只会养成不良的习惯和完美无瑕的错误机制。在本书中，你会学到正确的实践方式——究竟哪些是应该做的，哪些应该避免。

在这里我告诉你，你的能力远远超乎你的想象。我敢打包票，你现在只用了自身真正潜力的一小部分。在现实生活中一定是这样的，在股票交易中当然也不例外。我敢保证，只要想，任何人都可以在股票市场有非凡的表现。当然，这还需要操作者掌握正确的知识、投身于过程学习的决心以及坚强的意志力。成功并不会一蹴而就，但有了正确的工具和态度，你一定可以做到。

决定的时刻

在股票市场和现实生活中，我们的决定会导致成功或者失败。是的，我们失败是因为我们想要失败，我们成功是因为我们想要成为赢家。虽然初闻这个说法，你可能觉得荒谬或者不那么公正，但这就是事实。作为全职股票投资者，在 30 多年的股票生涯里，我目睹了那些有意或无意想要失败的人走向失败，我也看到那些坚定地想要成功的人将自己从平庸变得非凡。毫无疑问，成功只是一个选择！

如果不接受这一点，那么毫无疑问，你肯定也相信你无法掌控自己的命运。如果是这样，那么为成功而努力还有什么意义呢？难道只是验证自己有没有好运气吗？

从本质上说，每个人都是一个冠军投资者。你需要的只是知识、欲望和付出。最重要的是，你必须相信自己的能力。我敢保证，在投资交易方面，你一定可以比你自己认为的做得更好，而且比相信那些所谓的投资专家风险更低。但是，如果你心底不接受成功是一个选择题，那么你无法激活自己的全部潜力。同样，你也就无法控制自己的命运。因为如果你毫无承担责任的魄力，就不会全力以赴。那些决心成为赢家的人会寻找成功的榜样，并制定通往成功的路线，接受挫折并把它们当作宝贵的老师。他们把计划付诸行动，从结果中学习并做出调整，直至取得胜利。

获胜者是无法忍受失败的。有些人从一开始就退缩不前，而有些人则因最终厌倦平庸而决定不再放弃他们的梦想。这种态度可能有违你小时候听到的话——不要成为一个痛苦的失败者。根据我的经验，你向我展示一个“输得起”的人，我就能向你展示一个“可能输”的人。如果你想像冠军一样交易，你就要像冠军一样思考。在说服自己成功是一个选择之前，你是一个失败的赢家。这并不是说你是一个失败的人，只是意味着你还没有学到或接受关于获胜的真相。冠军不会错失良机，他们决心要成为获胜者，然后每天都以此为目标。

1990 年，我决心要成为股票投资冠军，但那时距离我第一次交易已经有 7 年了。没错，7 年了！我浅尝辄止地做了将近 10 年。正如你可能已经猜到的那样，在那之前，我的投资结果就是一个不专心投资的人得到的必然结果。于是在 1990 年 3 月，我痛下决心，要成为世界上最好的股票投资者。之后我一直向目标前进，后面的结果……你们都知道了。

两只狼的故事

我们每个人都有着两种投资者的特点。一种我称其为建设者，他们高度自律且为过程所驱动。建设者专注于过程和完善的方法，他们相信如果使用正确的过程，那么一切水到渠成。建设者把错误视为老师，他们在不断的循环与反馈中积累宝贵的经验教训。当建设者犯错误时，他会视这种错误为某种鼓励——自己不会再犯同样的错误。不论是好是坏，建设者都怀着乐观心态期待结果达成的那一天——因为过程会不断改进。

另一种我称其为破坏球，他们自我驱动。破坏球只专注于结果：如果结果没有马上出现，他就会气馁；如果发生了错误，他就会被这个错误打败，或者迁怒于人。如果一个投资策略不能很快获得胜利的结果，或策略正在经历一个困难的时期，破坏球就会自己翻转，转而寻找一个新的投资战略。这类交易者从来没有真正在过程中有所付出。不难想象，破坏球可以有很多借口，很少自己承担后果，因此永远不会建立任何持久或美好的东西。

但请记住我刚才所说的话：每个人都是双面体，我们体内同时住着建设者和破坏球。正如每个人都有爱和同情心，同时也都有仇恨和伤害一样。那么，建设者和破坏球中，哪一个才能决定你的投资结果呢？

为了回答这个问题，我想援引我最喜欢的故事之一，佩玛·丘卓（Pema Chödrön）在她的 *Taking the Leap:Freeing Ourselves form Old Habit and Fears* 一书中讲述的内容：一位美洲原住居民的祖父正在和他的孙子谈论世界上的暴力和残酷，以及它们形成的原因。他说就好像心中有两只狼在战斗，一只狼代表复仇和愤怒，另一只狼则是代表理解和善良。年轻人问他的祖父："在你的心里，哪只狼会赢得战斗？"祖父回答说："胜利者将是我一直在喂养的那只狼。"

所以，你也一样。我把自己定义为一个开明的交易者。首先，我认识到自己体内同时存在着建设者和破坏球。但是，我选择喂养建设者，并饿死破坏球。每天提醒自己这一点，比拥有好的战略或交易机制更为重要，因为即使有好的策略，如果你一直在喂养破坏球，结局也不会很好。

我最喜欢的电影场景之一摘自《利欲两心》（*Two for the Money*），当时，一名正在纽约为（与体育相关的）赌博招揽顾客的堕落赌徒沃尔特·阿布拉姆斯（阿尔帕西诺饰），出席了一次匿名的赌徒会议，同行的还有布兰登朗（化名约翰·安东尼，马修·麦康纳饰）。在听取了与会者之一莱昂的讲话后，沃尔特发表了以下讲话——非常有趣，也非常真：

我知道你来自哪里，莱昂——相信我，我知道的。我听说过你的故事，这些故事我现在还能想起来。如果说我从故事中学到了什么，那就是，这是赌博，并不是你的错，与你毫无关系。我不知道该怎么说，这可能听起来有点粗鲁，但是，莱昂，你是一辆破车！就像一辆坏车一样，你、我以及这个房间里的所有人都一样，都有固有的缺陷，我们都是破车。我们看起来都很相似，但是让我们有所不同的就是我们的缺陷。

在你看来，大多数赌徒去赌博都能赢，但是当我们去赌博时却总是会输。潜意识里，我……我感觉没有比别人拿走筹码更好的了！我无法赢得筹码——而这里的每个人都知道我在说什么——即使我赢了，过段时间也会把筹码都输出去。

但是当我们输了，那就不一样了。当我们输了，我是说那种输到裤子都不剩的程度，那就不一样了。你们懂我的意思吗？

你刚刚又创造了这个恶性肿瘤进一步恶化的可能性，这是第20次！但你会突然意识到……嘿，我还在这里，我还在呼吸，我还活着。我们是一辆破车，但我们还得前进，因为我们一直需要提醒自己还活着。莱昂，赌博不是你的错。我们都需要做些事情证明自己还活着，还有存在感，这才是问题所在。

从本书中，你将能学到一些工具，这些工具能铺平你走向成功投资的道路，它们是必要的，也是十分重要的。但是，在成功体现在物质世界中之前，这些工具必须首先在你的头脑中实现。我知道——从经验上讲，作为一个从贫穷和无知中成长起来的人，我几乎没有任何资源。自然而然地，我不得不学习如何摆脱贫困心态——这是一种反对自我的心态。但是你并不需要贫穷或拥有摆脱贫穷的心态。许多人受困于对不足的恐惧，或者会因为自己过去的某些经历或特有的错误观点而感觉不值得。你可以富有，但是如果你不能享受生活且对生活缺乏热情，你的生活就是微不足道的。这种不幸也是贫困心态的结果。

如果你要把心灵、灵魂和意识放在一起，那么为什么不去做一些可以让你大踏步走向成功的事情呢？如果你努力工作并聪明地进行投资，你应该就会取得成功。但是，这也需要持久性和正确的心态。如果不打算完全控制自己的财政命运，那么你可能不需要阅读本书。为什么？因为本书可以教你如何掌握自己的投资和生活的所有权，并承担相应后果的全部责任。没有 100%的责任感，你如何培养100%有效的应对能力？

这个成功蓝图已经帮助了我和许多跟随我的脚步的人，它也可以为你提供帮助。但在那之前，你必须接受一点，即成为冠军股票投资者并不需要有天赋，也不需要有来自常青藤的金融学位。这要从你的信念开始，“信念就是成功”毫无疑问只是一个选择。如果你相信，那么你就已经上好了本书的第一课——不要成为莱昂。

校对你体内的指南针

当一个小老太太成为一个超级成功的股票交易员时，你会感觉到惊奇吗？我敢打赌，你完全不会在乎！真正的问题是：你为什么不能成为超级成功的股票交易员？答案是这样的：因为它违背了你的信念体系——你的价值观和标准。

赢得任何事情的关键是相信自己的能力，并使自己的信念与行动相一致。我可以向你保证，在你学会行动与信念保持同步之前，你永远不会知道自己的潜力有多大。你是否坚信，为了取得很大的回报，你必须冒很大的风险？如果你这样认为，那么低风险、高回报的策略可能不会与你产生共鸣。在投资交易的过程中，如果你的信念与你的策略不符，两者内部的冲突将阻止你前进，并将成功变得几乎不可能。

例如，如果我试图使用可能遭受较大损失但能被不常发生的巨额收益补偿的策略投资，我绝对会失败。即使这个策略有利可图、对某些人可能有效。因此我根本无法长时间应用这个策略，我没有信心长时间眼睁睁看着亏损而无动于衷，因为它违背了我对风险的态度。

如果我的策略对你有意义，那就太棒了！采用它，一定会将你指向正确的方向，并用坚实可靠的规则带你起步。随后，你只需采取行动，并保持良好的判断力就行了。无论你选择什么策略，都要确保你知道自己在做什么，这样你就可以全身心地投入并避免自我破坏。

你有没有这样的经历：在你做过某事之后对自己说“我究竟怎么了？为什么明知道不应该但我还是这样做了？”——这就是信号，你需要与自己的信念重新匹配。因为从长远来看，信念总是能够获胜。要想做到超级成功，身心必须一致，一致性就是目标。

成功的模型

大家可能已经从我的第一本书中了解到，我的建仓时点分析策略（SEPA®）是基于龙头档案（Leadership Profile®）、用于识别有潜力股票的策略。使用自 19 世纪末期以来的历史数据，SEPA®形成了一套具有超额回报的股票共有的特征图谱，它基于不断的更新，通过识别那些最成功股票的特征，确定有潜力大幅跑赢同业的股票。我用 SEPA®模型做到的就是简单模型的成功。

许多年前，当时才 20 多岁的我参加了安东尼·罗宾斯（Anthony Robbins，最著名的推动者和人类行为专家）的课程学习，并得到了一个很有价值的训诫。如果你想像达芬奇一样作画，首先你需要学会像他一样思考。因为如果思想达到了，其他一切最终都会随之而来。如果我想跟随所有伟大的投资者的脚步，我不得不阅读所有关于他们的信息，直到我可以像他们一样思考。所以自那以后，我开始读书，学习传奇投资者。我想进入他们的大脑，像他们一样思考，从而可以像他们一样成功。我一遍一遍地阅读那些书籍，直到我把所有的信息都自我消化。

我并不是说，成功的投资交易意味着成为别人的一个复制品。而是说在你掌握一个概念之前，你必须真正拥有对应的知识。为什么在有宝贵的知识体系的基础上还要重新尝试设计车轮？正如艾萨克·牛顿爵士 1677 年的名言所说："我看得更远是因为我站在巨人的肩膀上。"想想毕加索——立体派的先驱之一，他在艺术学院学习传统技艺，一旦真正拥有了这些技巧，他就可以超越它们。

多年以前，我的第一批学员之中有一个名叫达伦的年轻加拿大人（有些人可能在我们的某期投资大师研讨会上见过他）。达伦不仅仅是我的一个门生，还像我的儿子一样，尽管他只比我年轻一点点。达伦想学习我的交易方式，所以他致力于模仿我的信念系统，以达到我的投资高度。

有一段时间，达伦住在我家。也是在那时，他开始学习并适应我的习惯。开始只是一些很细微的内容，之后就变得越来越明显。我当时正在健身，所以我的饮食比较特别。达伦是一个比较瘦的人，没有多大的力量，但他也开始吃和我完全相同的饭菜，服用维生素和蛋白粉。起初我并没有想太多，后来我才注意到他开始学习我的一些很细微的个人习惯。

例如，作为一个健身的人，我会定期修剪我的体毛。有一天，我在客厅里听到"嗡嗡嗡"的声音。我循着声音到了浴室门口，敲了敲门问达伦他在做什么。当他打开门的时候，我看他正站在那里，脸色苍白，消瘦的腿上一根毛都没有。

"你在做什么？"我问他，"你又不是健美运动员！"

"我不在乎，"他告诉我，"如果你刮胡子，我就刮胡子。无论你做什么，我都照做。如果你坐在绿色的椅子上，我也要坐在一张绿色的椅子上。如果我想像你一样投资，我就必须像你一样思考。要做到这一点，我就要模仿你做的一切！"

我的第一反应是"这个孩子疯了"，然后我意识到他是一个天才！他本能地抓住了一个我当时才刚明白的概念——模仿信念系统的重要性。达伦知道，如果他真的想了解一个人，就必须像那个人一样——就像有句俗语所说，"穿着他的鞋走路"。达伦致力于学习我的一切，这使他不仅学到了我的策略，而且采纳了我的原则。不久之后，他就开始定期去健身房，甚至开始练习举重。

随着时间的推移，达伦的自律得到了回报。他与我一起投资的第一年，回报率就高达 160%；之后，他自己多年的投资收益率都保持在三位数，并自此成为一个非常成功的股票投资者。他成功的原因非常明确，他愿意全身心投入，我从来没有见过别人有那样专注的心态。对他来说，直觉就足够了。

拥抱过程

当我坐下来写本书的引言时，我收到了一封邮件，是我第一本书的读者发来的。虽然他对于那本书的内容十分满意，但他承认投资时还是有困难的。“我还无法学以致用。”他写道。

然后他就开始责怪自己，认为自己与投资无缘。从字里行间，我可以感觉到这个家伙已经明确地说服自己：胜利是别人的事情，与自己无关。

对于他的问题，我以最好的方式回复了他。

我想要告诉这个人以及其他像他一样的人，必须放弃这样的观念：出于某些原因，自己不适合做投资。如果你开始质疑自己的能力，就会找到一些你觉得自己缺失的东西：比如智力、能力或特殊的天赋，让你没办法“掌握它”。比如这个投资者（就像你我一样），只要他愿意做一件事情，就拥有了成功的一切。你猜到了：接受“胜利是一个选择”的事实；一个强大信念的来源。只要你这样做了，我就可以向你保证，成功将会是一蹴而就的事情，而且具有超额回报的股票也将离你越来越近。

没有人天生就高人一等，上帝没有赋予任何人特殊的投资才能，就像人类基因组里面有一段 DNA 链表示投机能力一样。没有人是天生的股票投资者。事实上，我想说投资交易是最不自然的事情之一。不止我一个人有这样的想法，伟大的交易者彼得·林奇（Peter Lynch）在他的《彼得·林奇的成功投资》（*One Up on Wall Street*）一书中也曾说：“在某种程度上，人们都以为别人是天生的投资者，但在我的摇篮上既没有贴股票行情，也没有贴股票信息。”

你可能听说过，德国柏林的一个心理学家团队在 20 世纪 90 年代初对学习小提琴的学生所做的一个研究。具体来说，该团队研究了学生们在童年、青春期和成年期的练习习惯。所有的小提琴手大约在 5 岁的时候开始学习小提琴，并具有相似的练习时间。然而到了 8 岁时，练习时间开始有所不同。到了 20 岁时，精英演奏家的平均练习时间已经超过了 10 000 小时，而演奏水平差一些的人平均练习时间仅为 4 000 小时。

有趣的是，没有“天才的”表演者出现。如果有天才因素发挥作用，我们应该会看到一些比其他人练习时间更少但仍能保持在精英组别的人。但是，数据显示没有这样的人。心理学家在成就和练习时间之间发现了直接的统计学关系，没有捷径，没有天赋。精英组别的人的练习时间超过了其他人一倍。

我想说的是，要想在投资交易中取得成功，你就需要花费一些时间在上面。而且从收益上看，这也是非常值得的。无论有什么可能伴随出生的天赋或能力，股市里面的成功均来自充足的努力和沿着学习曲线展开的意愿，无论这将花费多长时间。

*并不是毫无意义地堆砌时间就能让你成功，而要坚持不懈地通过反思结果、调整方法并推进进度才能让你走向成功。*丹尼尔·科伊尔（Daniel Coyle）在他的《人才密码》（*The Talent Code*）一书中指出，这个过程是“深层次的实践”——不只是反复做同样的事情，而是用反馈来进行调整，使之前的实践更有意义。

只是决定在股票投资方面有所建树，并不意味着会立竿见影。学习完几个月的法学院课程之后，几乎没有实操经验的你能走进法庭辩护吗？如果能的话，你应该不会因为输掉官司而吃惊吧？或者，你是否在仅参加两节预备课程之后就能走上手术台主刀呢？如果你这样做，你也不会因为病人没有被治愈而感到惊讶吧？显然，这些情景太可笑了。如果我走进麦当劳餐厅的厨房去操作炸锅，甚至都不知道如何打开它。为什么会这样？这不是因为我缺乏智慧或特殊才能，而是因为我还没有获得必要的知识和经验。

但是，有些人刚开立一个账户，就想立即获得股神一样的回报。当实现不了的时候，他们就开始找借口、放弃，或者开始冒巨大的风险。只是，他们很少会意识到自己需要专业知识和足够的耐心才能获得好的回报。

当我刚开始起步时，我也是一个糟糕的投资者。我最终取得的成功并不是来自天赋，而是无条件的坚持和不断完善的纪律给我带来了今天的成就。我知道，即使在今天，如果违反纪律，我也很容易就能从成功走向失败。

那些在任何事物上取得成功的人都有同样的态度：一直在继续，直到好事发生或者停止尝试。退出并不是一个选择。如果没有这种态度，那么在艰难的时候你就会轻言放弃。

定义你自己

你的策略应该是最适合你的那一个，并不需要每次都有效，只要随着时间的推移有用就行。这就像婚姻关系一样，如果你出轨了，你还能期待婚姻有多美满呢？交易策略也是一样：你需要忠于它，这样它才能回馈你。

遗憾的是，你不可能同时擅长于价值投资、成长投资、波段交易和日内交易。如果你试图做好所有这些，你可能最终只是一个平庸的全能投资者。要享受一个策略的好处，你必须牺牲其他的策略。当你的交易方式优于其他策略时，你将享受市场周期。但是，在每次遇到困难时，你都不可以通过应用其他策略来克服不利条件。要想有所擅长，你必须专注和聚焦，必须避免所谓的“风格漂移”。

“风格漂移”来自模糊定义的投资策略和目标，在这种情况下，你将不会在顺境和逆境中都坚持自己的方法。如果是短线交易者，你必须认识到出售股票以快速获得利润才是你的重心，后面股票价格哪怕上涨一倍，你也不应该有所顾虑。你在股票价格处于某个特定区域时才会开始交易，而其他人可能在完全不同的区域内操作，但两者都可以成功！然而，如果你是长线投资者，即使你做出了一个体面的短期收益，在与后期错失的更大上涨回报比较时也会黯然神伤。这里的关键就是，要专注于一种特定的投资风格。一旦确定了自己的投资风格和目标，你就可以更容易地坚持自己的投资计划并取得成功。随着时间的流逝，你将因为自己的专长而补偿前期所做的牺牲，从而获得满意的回报。

奖项的先后顺序

在进行股票交易时，就像生活中的其他事情一样，只知道自己“想要什么”不够，还需要知道自己“最先要什么”。成功的秘诀在于为你的欲望安排先后顺序。人们想要的一般都一样，比如爱情、幸福、自由、友谊、尊重和经济回报等。每个人都希望生活中有美好的事物。在此，我想让你提出具体目标，比如可以是成为一个成功的投资者、美食厨师或是冠军网球运动员。当然，你也可以同时成为以上三类人。

但需要注意的是，生活中的一切事物都是逐一完成的，一次一个。找出你想要的第一个，在完成你的第一个目标之前，不要急于开始下一个目标。为什么要这样？因为如果你的精力太过分散，那么你就会什么事都无法做好，也不会在任何事情中获得经验。专家能获得很好的报酬，而那些什么都知道一点的人只能在聚会上出出风头。

掌握技能需要有所牺牲，因此，必须选择其中一些。列一个清单，按照重要程度排序，并按照清单开始着手：聚焦，实现，然后开始下一个目标。

我在此给出的建议是不要平衡分配。是的，你没看错，要想在某一方面取得很大成功，就必须失去平衡。这与现在必须保持平衡生活的观念背道而驰，特别是在工作和家庭的权衡方面。当然，这只是目标——就比如在我现在的生活中，我把妻子和女儿放在了第一位。但是，如果你追求股票投资的明星业绩，泛泛的努力可能只会产生泛泛的结果。

当我刚开始进行股票交易时，就是不平衡的，我是故意这么做的。我就像一名每天训练 12 小时的奥林匹克运动员，吃、喝、呼吸等都围绕着股票投资，完全沉浸在自己的一维生活中，这就是我想要的。如果你觉得这听起来很可怕，那么也许成为顶级的超级股票投资者并不是你真正想要的结果。当然，这并不意味着你不能改善交易、无法享受投资的好处，当一个兼职的投资者还是可以的。

有很多其他方面的专业人士，在紧张的训练时期也是不平衡的。试想一下，医疗人员一天工作 16 小时，只能在急救室里面小睡几小时。

通过平庸的努力无法掌握技能，你需要倾尽所能，当然，并不需要一直这样。只是在一开始，当你把自己投入到像股票交易这样具有挑战性的事情上时，就必须全身心地投入并保持深度聚焦。如果你想要在股票市场中大有作为，就必须把股票投资列为头等优先事项。

开始行动

在你试图去达成一个目标时，拖延是最糟糕的事情。人们总是说服自己，当一切准备就绪之后再开始做事也不迟。我当然也希望你学到了所有东西之后再行动，我不认为这是一种拖延。但是当你一边走一边想“我会开始的，但得等到后面某一天，也许已经快到了，但总之不是今天”时，这就是一种拖延了。

我收到过我的第一本书的读者寄来的一封邮件，说他“准备好了”采纳我的交易规则。但他正在尝试先做日内交易；他觉得自己需要犯下更多的错误、积累更多经验之后才能真正自律，在那之后他才会使用我的方法。除了“他还没有决定正确地实践”之外，我没看出他还想表达什么意思。

你们把承诺推后的时间越长，就越容易进一步引发拖延。因为越接近挑战，拖延的声音越大，拖延最大的对手就是行动。你必须采取行动，否则什么目标都不会实现。如果你等待完美的时刻，或者你在等所有问题都有了答案，那么你可能永远都不会开始行动。做一些不完美的事情，远比为了等待完美而一事无成要强。你可以有梦想，可以积极思考，也可以计划和设定目标，但除非你采取行动，否则这一切就没有任何用处。光有知识、梦想或激情还不够，行动才算数。最佳的开始行动时刻就是现在！

跳出你的舒适区

生活中似乎有一个普遍的真理，我称之为CLUM原则：舒适（Comfortable）意味着更少（Less），而不舒服（Uncomfortable）则意味着更多（More）。潜力和可能性存在于那些仍然未知但肥沃的土地上。跳出舒适区并不意味着冒险，而是意味着你必须放开自己，做一些开始时可能会感到不自然或违反直觉的事情。幸运的是，你不必直接从安全和熟悉的方向跳到那些感觉完全不可能的区域，就好像你不必在开始学习游泳时就得跳下阿卡普尔科悬崖开始潜水一样。这是一个随着时间的推移逐步获得熟练和舒适度并扩大你的舒适区的过程。

画一系列同心圆，最中间的范围就是你目前所处的舒适区。从最中间的圆（标记为“1号圆圈”）是你已经熟悉的区域。从这个初始阶段开始，你将获得一些经验，了解自己，并开始磨炼自己的自律性。但是，1号圆圈只是一个起点。如果你想在投资中取得惊人或者任何有价值的成就，你就不能止步不前。

想想学习演奏乐器或掌握一项运动所需要的巨大努力，这需要无数小时的练习再加上来自优秀教练和老师的教导。老师和教练将帮助你提高技术水平。随着时间和精力的投入，你的技能将进一步提高，使你能够演奏贝多芬的乐曲或是与更高水平的运动员同台竞技。作为股票投资者，当你脱离直觉，学会做到那些感到反常的事情时，你就变得超然了。当然，你无法从 1 号圆圈直接跳到 4 号圆圈；你需要投入必要的时间和精力才能获得相应的能力和信心。没有坚实的基础就忙着盖楼，会引发灾难的。

无论做什么，当你从初学阶段转到进阶阶段的时候，你已经将自己从 1 号圆圈扩展到 2 号圆圈了。现在，2 号圆圈就是你的新的待扩展舒适区。作为 2 号圆圈的股票投资者，或许你进一步完善了选股标准，并能够在选取更高仓位的同时，避免限于过度的风险。随着对更多经验和信息的掌握，你将进入 3 号圆圈。此时，4 号圆圈就是你的下一个目标，依此类推。

正如拉尔夫·沃尔多·艾默生（Ralph Waldo Emerson）所说："思想，一旦被一个新的点子拉伸，就永远不会恢复到原来的维度。"同样地，当你成功地突破以前的禁锢之后，你将不会再有回到原来狭隘想法的欲望或需要。回头望望，你将会为交易成熟的程度而感到惊喜。之前看起来很难甚至是不可能的事情，现在已经在你的能力范围之内，并且是你新的扩大的舒适区的一部分。通过实践和训练，这种新的扩大的能力水平毫无疑问会成为你的第二本质。这就是一步一个脚印，走向精通的过程。

追求知识的第三阶段

追求知识水平有三个阶段：第一阶段是当别人向你呈现一个"想法"的时候。有人告诉你某件事情，你根据自己的观点对它进行评估。你可能感觉信息很复杂，你可能会同意，也可能会不同意，或者不知道该怎么做。第二阶段是当你确信被告知的是真实的事情时。现在，这是一个信念，"信念"比"想法"更强，但它仍然不是最强的知识水平。第三阶段是"知道"，这是最强大的意识形态。这是你自己所真正拥有的知识，你知道它是真实的，因为你已经亲身经历了。

在本书中，你将会学到很多想法。当你确信我所说的是真实的之后，也许你会把它们移到第二阶段。这些知识是耗费了我多年的汗水和眼泪，并不断试错才得来的，当你接受、融合这些想法并把它们渗透进你的股票交易中时，它们就会变成你知识体系的一部分——本能、自动且无可置疑的一部分。你的目标是实现知识的第三阶段，而这只能通过实践和个人经历才能获得。

成功没有捷径，无论你阅读多少本书或参加多少次研讨会，都无法强行取得经验。不要因为没有马上取得好的收益结果而灰心，无论吸取了多少知识，也无论你多么聪明，都需要在“华尔街大学”中学习。

想当初，我花了 6 年之久才能有所获利。但是，在这些艰难的岁月里，我仍然坚持着自己的策略，没有从一个方法跳到另一个方法，就仿佛有一些公式在那里，而我需要寻找到它。如前所述，我坚持贯彻对我有意义的策略，然后集中精力提高自己应用策略的能力，坚持自己的路线，坚持纪律，坚持原则。坚持比知识更重要，只要能从经验中学习，胜利就会如期而至。

通过实践获得正确的知识，不一定很困难，也不一定有压力。有了健全的规则和策略，你就能通过“首先接受该过程，然后从中学习”的方式展开。你要相信，事情正在自然而然地发生，好事情正在慢慢到来。

现在我们开始吧

到了这一步，已经到了前言的最后一部分，你已经把一个脚趾放在水中了。现在要全身都跳进去吗？

让我们回到讨论之初。你有一个选择、一个决定要去做，无论赢还是输。首先，你必须坚信自己配得上成功。正如我之前指出的那样，有人低估自己，因为他们不自信自己能取得成功。也许他们在年轻时的某些行为让他们现在很后悔，或者这就是他们成长的方式。不管是什么原因，他们都抱着一个错误的信念，认为自己配不上成功。如果这与你产生共鸣，那么你现在应该原谅自己，把你的过去放在身后，开始向前迈进。

你值得拥有生命中的成功与激情——一个值得全身心投入的伟大目标。你值得创造并且做一些激发自己的兴趣、向能力挑战的事情。投资当然是其中之一。它的意义远远超出了任何经济方面的奖励，这是一生的收获，自我掌握、克服自我和战胜恐惧。另有一些人认为他们的家庭、背景、教育或者他们的任何“血统”让他们能够成功。但市场教给他们的不一定是这样的，甚至可能通过沉重的方式让他们意识到这一点。成功只有一种方式，那就是努力工作和谦虚。在股市中，那些不谦虚的人注定要失败。

然而，变化就发生在一瞬间。就像烟民可以扔掉最后一支烟或者酒鬼放下最后一杯酒那样，来克制你的想法或行为吧。你可以通过责任来翻转梦想和命运的轮盘，一切都从今天开始。

但是，首先你必须做出决定。

能不能成为伟大的交易者，就取决于你的选择。现在在这里做出决定吧，没有比现在更好的时机了。也许，这就是你拿起这本书的意义！也许，这就是你此前生活经历的意义！你以后想要实现的一切都已经融入这一刻。如果你不爱你的生活，那是因为别人的渴望比你更加强烈。现在决定吧，然后请翻到下一页！

目 录

第1章

时刻跟着计划走

所有交易者在犹豫不决和遗憾后悔两种情绪之间动摇和斗争，这种内在冲突来源于没有制订清晰的时间表和切实可行的计划。

——Mark Minervini

几乎所有的努力，比如从事一项运动、建一所房子、搭起一条街、实施一个政策或进行外科手术等，在开始之前都需要一个计划。承包商在没有图纸的情况下，甚至不会开始挖掘地基。在每场比赛之前，你最喜欢的运动队的教练都会制订一个计划，并向运动员解释清楚。在每一次动刀之前，外科医生都要掌握测试结果，比如核磁成像结果以及整个手术计划等。

如果想要在股市取得成功，在你开始行动之前也应该制订一个计划。计划的意义在于提供一系列具体的行动指南。但是，大多数投资者都没有真正的计划。或者更糟糕的是，他们有一个基于错误概念和不切实际投资想法的计划。他们可能从经纪人那里解读了一个提示或者在电视上发现一些信息，或者从某些人嘴里听说有些股票将要起飞。就像这样，有数千美元在交易着，但却没有一个明确的计划。

这可不怎么聪明啊！

股票投资是一件非常严肃的事情。如果你拿不出一个周密的行动计划，为什么还要入市呢？然而，大多数人却都这么做了。进入股票市场的门槛很低，不需要许可证或培训，开立一个经纪账户即可，这可能会给人们造成“股票投资很容易”的错觉。或者，也许他们认为随随便便投资成功的可能性远远高于有想法的情况。我看到有人花 10 万美元投资于股票，但不知什么原因，对其的研究还不如自己买 800 美元的平板电视时下的工夫多。基于“朋友的朋友”的消息，他们会在某些股票上投入数千美元，而自己根本没有花太多时间对其进行研究和规划。应是贪婪使然，他们看到的都是股价上升的一面，却对股价下跌或发生不可预见事件没有太多考虑！

制订一个流程

当第一次开始投资时，我也根本没有真正的计划。我唯一的“策略”（如果称得上是“策略”），就是遵循这个旧的公理——低买高卖。我以为这意味着股价下跌就要买入，认为下跌之后必有回升。我会买大品牌公司股票，因为曾有人对我说“你买 AT&T 或通用电气的股票总不会出错”。那时候，当这些股票下跌时，买入股票似乎是一个好选择。因为我相信它们风险较低，最终股价总得回升。但是，事实证明，这大错特错！

好在我及时了解到，没有绝对安全的股票，正如没有一辆赛车是绝对安全的一样。像赛车一样，所有的股票都有风险。一家公司家喻户晓，或公司有着经验丰富的经营管理团队，并不意味着它是一只伟大的股票。在严酷的熊市期间，即使是“优质”公司也可能被“屠杀”，有些甚至会破产。通用电气股价在 2000 年达到顶峰，但之后就从每股 60 美元降至 6 美元以下，价格下降了 90%以上！到 2016 年，股票也只涨回一半。16 年后，买入蓝筹股的投资者仍然亏损 50%，而通用电器被认为是全球质量最高的公司之一。

像这种大型“安全”投资级公司“伤亡”的例子数不胜数。我早期购买的许多表现不佳的这类股票，在我把它们扔进马桶之前就已经支离破碎了。这不仅让我损失了原始资本，也极大地打击了我的信心。听起来是不是很耳熟？

很快我就意识到，我需要一个购买股票的计划。但更重要的是，我需要一个处理所有股票固有风险的计划。计划需要与股票交易密切相关，并且能够实施，即“是什么”“为什么”“何时”以及“如何进行”股票交易。制订计划并不能保证每次出手都能获利，但这将有助于你管理风险、减少损失、明确并保住利润，并能采取果断行动处理突发事件。随着时间的推移，做到这一切将大大提高你成功的概率。通过提前设定交易参数，我建立了知道我的计划是否能正常工作的基础。

制订一个流程吧，任何流程都行，关键是你至少得有一个。之后，你就有了工作的基础，就可以进一步调整和完善你的流程。

投资交易计划的关键要素

- 建仓机制，该机制需要明确告诉我们触发买入决定的条件。
- 如何处理风险，如果价格与你所预期的不一致，你该怎么做？或者如果你买股票的基础突然发生变化，你该怎么做？
- 如何锁定利润？
- 如何控制头寸大小？何时决定重新进行资产配置？

希望不等同于计划

交易计划可以给出一个预期的底线。这样，你就能知道自己的股票投资是否仍在正常运作，或者是否出了问题。愿望和希望并不等同于计划。正如股票市场大师 Ed Seykota 所说："要对'直觉'和'希望'之间的微妙差异保持敏感。"希望并不是策略。如果没有计划，你只能将事物合理化。你通常在该卖出时告诉自己要耐心等待，而在自然回调时又恐慌，从而错过一大波涨幅。

提前定义好你预期发生的事情，可以让你更好地判断投资交易是否正常运作，并"按时"执行。我最喜欢做类比，这就像有时间表等火车和碰运气等火车一样。如果你每天早晨乘坐 6:05 的火车，但有一天到了 6:15 火车都还没有来，你会认为轻微的延误没有问题。如果火车在 7:30 还没有来，你就知道肯定有些地方不对劲，你或许应该选择另一种交通工具了。

同样，你对股票交易的期望就是"时间表"。如果你期望的利润没有实现，你不应该只是坐在那里干等几个月，让你的资金锁死在那里，在不知道股票具体情况的同时错过很多更好的机会。你应该知道该怎么办，因为你有自己的计划。通过一个周密的计划，你能确定列车是否按计划行进；或者如果现实表现和时间表不同，你就应该开始多加关注了。

应急计划

确保在股票市场中获得成功的最佳方法就是制订应急计划，使用"如果……则……"的过程并在遇到新情况后及时更新自己的应急方案。"9 • 11"恐怖袭击产生之后，许多金融公司开始分散其核心 IT 系统。美林证券（Merrill Lynch）将其主要数据中心迁移到史坦顿岛（Staten Island），在单独的电网上运行，以减少一个地区停电带来的损失。所以，在纽约设置了备份功能。

作为股票投机者，更应该做好准备，尽量减少突发情况的发生。要想做到这一点，你需要开发一种可靠的方法，来处理几乎可能发生的每一种情况。提前预见到所有可能发生的事件和情况，可以有效管理股票投资风险，并以此建立不断增长的资本账户。

市场专业性体现在恰当的事前准备上。在进行股票交易之前，我已经做好了应对措施，以应对几乎所有可能发生的事情。而且，如果新的情况出现，我会再将其加入应急计划中。随着新的意外问题的出现，应急计划手册内容不断丰富。通过实施应急计划，你可以采取迅速、果断的行动，及时调整仓位，以应对股票行为的改变或应对意外事件的打击。

失望也可以触发你的应急计划，特别是在选择何时止损退出交易、何时保护你的利润时。此外，还需要准备一个应急预案。例如，我的预案涵盖了所有我在交易过程中永远不希望发生的事情，如断电或断网。我曾经经历过整个经纪公司系统的崩溃。因此，我一直保留着第二个账户，用以当同样的情况发生时讯速卖空以对冲我的多头风险。应急预案可以让我安心，因为当不可想象的事件发生时，我知道如何立即做出回应。

你的应急预案应该对如下情景有所准备：

（1）如果头寸表现与预期的不同，你应该离场的点位。

（2）如果止损离场后，重新买入股票的标准。

（3）强势卖出、锁定可观收益的标准。

（4）强势卖出、保护利润的时机。

（5）在灾难事件发生或市场突然转向的情况下，如何处理压力并快速精准地做出反应。

你的应急预案应该包括如下要素：

- 初始止损位。在买入股票之前，我提前确定一个最大的止损位——当市场与我作对时，我退出头寸的价格。当价格触及止损位的那一刻，我将毫不犹豫地对我的头寸进行平仓。平仓之后，我就可以用清晰的头脑评估状况。初始止损位在投资的早期阶段是最有用的。一旦股票上涨，就应该使用移动止损（也称追踪止损）或回撤止损策略，提高卖点以保护自己的利润。
- 重新进场的标准。有些股票会在建仓的时候吸引买家，但可能很快就有一波调整或回撤触及你的止损线，让你清仓离场。这种情况往往发生在市场全面疲软或波动较大的时候。在通常情况下，具有强劲基本面的股票可能会在经过这样的回调后重置并重新启动，形成新的基底和恰当的买入点。更有可能，第二次启动力量会比第一次更强，因为股票已经重新回到上升轨道上，并且一路震荡，清洗了一批持有意愿较弱的人。

你不应该假设股票会恰好在止损位重置；你永远应该先保护自己，果断斩仓止损。但即便你被迫离场，也不要自动废弃这只股票，它可能还是你的候选股。如果股票仍然具有潜在胜面的所有特征，则应该重新寻找建仓点。第一次选择时可能会有所偏差，你可能需要经过两次甚至三次尝试才能抓住胜面，这才是专业股票交易者的特质。业余股票投资者会因为一次或两次的止损而害怕，但专业人士此时仍能保持客观与冷静。他们客观地评估每笔交易的风险与回报，将每笔交易都视为一个新的机会。

- 止盈卖出的位置。一旦你所买的股票已经显示出一个可观的利润，一般是止损位的数倍，你就不应该让这个盈利变成亏损。例如，假设你的止损位是 7%。如果股票获得了 20%的收益，那么你绝对不应该让利润回吐并损失。为了防范这种情况，你可以将止损位上调至盈亏平衡点，甚至设定一个移动止损位，以锁定大部分收益。你可能会因为把可观的收益缩水或仅仅盈亏平衡而郁闷；然而，如果你让好好的盈利变成亏损，那么你会感觉更糟。

  有两种卖出方式可以获利了结：一旦你买了一只股票，就有两种基本情形能让你卖出或获利了结：一个理想的情况是强势卖出，即股票已经做了你希望它做的全部事情；另一个则是弱势卖出，因为股票已经反转到你想要保护利润的水平（关于何时、在哪、如何卖出，将在第 9 章进行详细讨论）。

  强势卖出是专业交易员在实践中学习的技能。知道股票上涨太快可能会引发后期的疲软是很重要的。在买家充足时，你可以轻松平掉你的头寸。或者在价格稍显疲软的时候，你可以马上着手卖出。总之，你需要有一个强势卖出和弱势卖出的预案。

- 灾害预案。这可能是你的应急计划中最重要的部分。它帮你处理诸如这样的问题：如果你的网络断开或电源发生故障该如何处理？你有备份系统吗？或者如果明天早上你醒来了解到昨天买的股票已经下跌了，因为该公司正在被证券交易委员会调查，而首席执行官已经席卷了贪污的资金逃亡国外，你作何反应？该如何处理？

根据重要性排列

a．限制你的损失。定义好你愿意冒的风险，并设定好止损线。

b．保护你的本金。一旦股票价格上涨，你有了可观的利润（一般是在第一次反弹，或回到前期高点）之后，就应该将止损线上移至盈亏平衡点附近。

c．保护你的利润。不要让大幅度的收益落空；使用移动止损或后备止损策略。

在我对新的股票建立头寸之前（见图 1-1），我所做的第一件事就是决定如果市场与我作对，我要在哪里砍仓止损（图中 a 点）。之后随着股价上涨，我的下一个优先事项就是保护我的盈亏平衡点（图中 b 点）。如果我有幸获得了好的收益，我的优先级会再次转移，这次是为了保护我的利润（图中 c 点）。

应急计划的重要作用是，当火烧眉毛时，你仍可以在需要的时候做出最佳决策。应急计划允许你拥有与你的交易策略一样强大的心理策略，并且让你准备好交易策略及时应对潜在的不利情境，让你可以在精确的时点实施客观的行动。

应急计划的准备是一个持续的过程。当你遇到新问题时，应制定一个相应的处理程序，然后把它纳为应急计划的一部分。你永远无法得到所有答案，但至少可以做到覆盖其中的大部分，只要其回报胜过相应的风险。这才是关键。

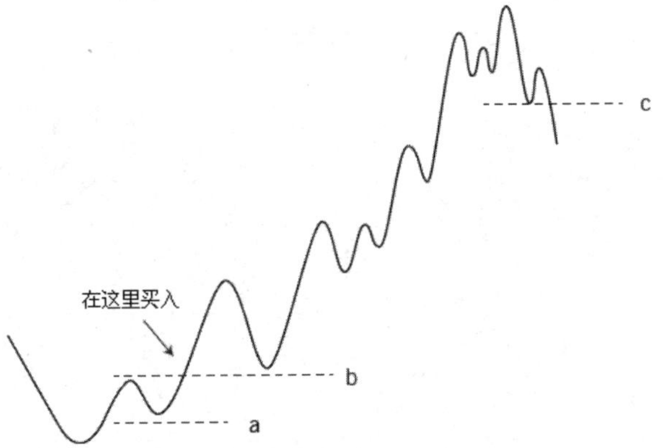

图 1-1　知道自己投资交易的先后顺序，以及如何控制损失、保护利润

现实生活中的交易计划

计划并不局限于某些特定的策略。无论你是一个价值投资者还是一个动量投资者，也无论你是一个长期投资者还是一个短线交易者，你都需要有一个进攻计划和一个防守计划。千万不要没有任何计划就进入股票市场！

以下是我的交易计划中的一些假设和期望。当我购买股票时，我希望在买入股票后会很快上涨。原因是根据我的设定，正如我们稍后会在本书中讨论的那样，利用了我称之为波动收缩模式（Volatility Contraction Pattern，VCP）的一些东西。VCP 就是波动和交易量显著收缩的地方，会形成一个最小的阻力位。按照我的策略，如果一个股票突破 VCP 上行，这是一个积极的信号。在这个突破之后，我只需要关注一些信号，证明投资交易是按照我的设想在运行就行了。

寻找有跟随购买的股票

交易突破的关键是确定后续是否具有持续上涨的可能性，而不能仅仅是短暂的反弹。从底部突破后，我最想看到的事就是后面多天的其他投资者的跟随行为，越多越好。*最好的投资就是若干天的放量上涨。这也是机构买入与散户买入的区别所在。*如果大型机构正在收集筹码，那么很可能会发生连续几天的跟随购买现象。另一方面，较小的散户买入可能会打破阻力位，但买入动能不足以支撑股价长时间上涨。你在投资交易中最好赚的钱就是马上就有利可图，并且股票开始放量上涨（见图 1-2）。

图 1-2　2013 年，Yelp 公司股票经过 5 周的筑底，在随后的几天里开始放量上涨并有追盘迹象——典型的机构行为

持有网球并卖掉鸡蛋

学会区分正常价格行为与异常价格行为十分重要，这将有助于确定何时持有和何时离场。20 世纪 80 年代，我有机会听到博格基金会（Berger Fund）的创始人威廉·博格（William B.B.Berger）谈论股票投资。博格当时说了 8 个字："拥有网球，放掉鸡蛋（I want to own tennis balls, not eggs.）。"这些话事后被证明价值数百万美元。

一旦股票走过适当的转折点并触价买入后，我就会非常仔细地分析它的行为。*确定股票是网球还是鸡蛋，将决定你是否应该继续持有这只股票。*在股票上涨后，价格在某一时刻会出现短期回调。如果股票是健康的，回调将很短暂，很快就会获得买入支撑，而支撑力量应该在短短几天内将股票推高到新的高点，这就像网球一样。

网球行为通常会发生在 4～5 天甚至 1～2 周的回撤之后，随后股票价格反弹重新上涨，超越前期的高点。这是非常有价值的信息，特别是在股票价格刚刚筑底反弹之后。

股票在回调期间交易量应该收缩，随后交易量会随着股价回升至新高而放大。这是你确定股票是在经历自然反应还是异常活动，并引起关注的关键信息。*机构投资者想要强势买入的股票在呈现出坚实的结构基础后，几乎总能在前面几次长达若干天甚至几周的回调中找到支撑位。*

通常，股票在出现买入点后都会回调到或略低于前期突破的水平，这种事情有 40%～50%的时间都会发生。只要股票在数天内或者 1～2 周内迅速恢复，就属于正常现象。价格的微小波动或回调必然会随着价格走势上涨而发生。有时市场总体经历了急剧下跌，而正好让股票跌破了前期的筑底，是疲软的市场拖累了股票价格。

在回调期间，你可以看到该股票到底更像什么，它是像网球一样弹起来（见图 1-3 到图 1-5）还是像鸡蛋一样四散飞溅？最好的股票通常反弹最快，一旦我买入了一只股票，如果它很快达到我的上涨预期并显示网球般的行为，我可能会持有更长的时间。这不是我头脑一热随机决定的事，而是我计划的一部分。

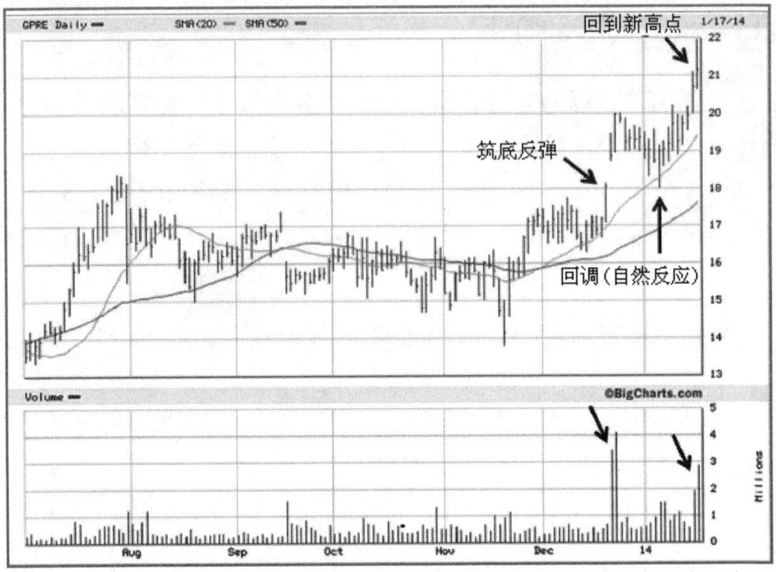

图 1-3　2013 年，Green Plains（GPRE）股价在 8 个月里上涨了 150%。股票前期筑底，经过 9 天的回调（自然反应），然后重新回到高点并开始放量（网球行为）

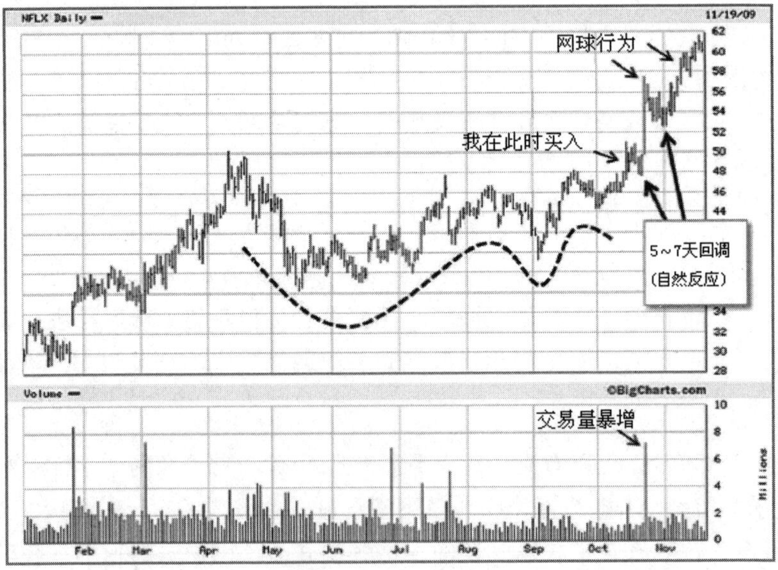

图 1-4　2009 年，Netflix（NFLX）股票在 21 个月里上涨了 525%。股票用了 6 个月筑底，在经历了 5～7 天的两次回调后，开始连创新高

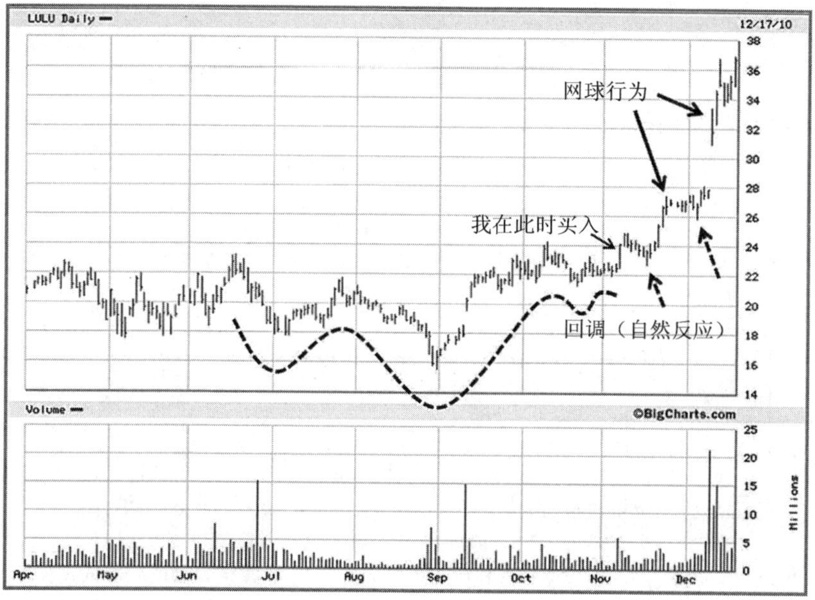

图 1-5　2010 年，Lululemon Athletica（LULU）股票在 18 个月里上涨了 245%。在经历了明显的双底后，最初两次回调很轻微，之后股票明显开始创新高

跟随的数量

交易正在按计划进行的另一个观察指标，是在第一周或第二周股票价格上涨的日子里，上涨的天数大于下跌的天数。只需要数一下上涨的天数和下跌的天数，上涨的天数越多越好。我希望看到 4 天中有 3 天或者 8 天中有 6 天是上涨的，如果能有 7 天或 8 天的连续上涨就更完美了。得到机构青睐并建仓的股票几乎总显示这种价格行为，这种证据表明机构正在建立一个不能只在一天就完成的巨额头寸。

因此，股票应该是“难以买到”的，这意味着没有比初次突破时更好的买入机会了。另外一个在初期上涨时期你要寻找的细节就是好的收盘次数多于坏的收盘次数（见图 1-6 和图 1-7）。收盘时股价收在当日波动范围的上半部分，这种事件发生的次数比收在日振幅下半部分的次数要多，那么这就是我们想要的。唯一的例外就是在价格非常紧张时期，那时交易量明显萎缩，股价振幅也很小，这也是一种结构。

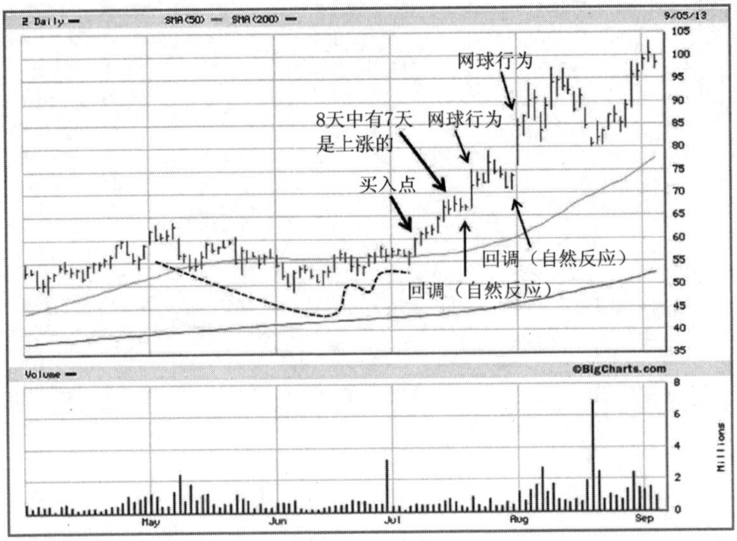

图 1-6　2013 年，Zillow（Z）股票在 12 个月里上涨了 182%。股票突破前期基底，在 8 天中有 7 天是上涨的。回调很轻微并且伴随着支撑力；股票显示出明显的追盘买入现象及网球行为

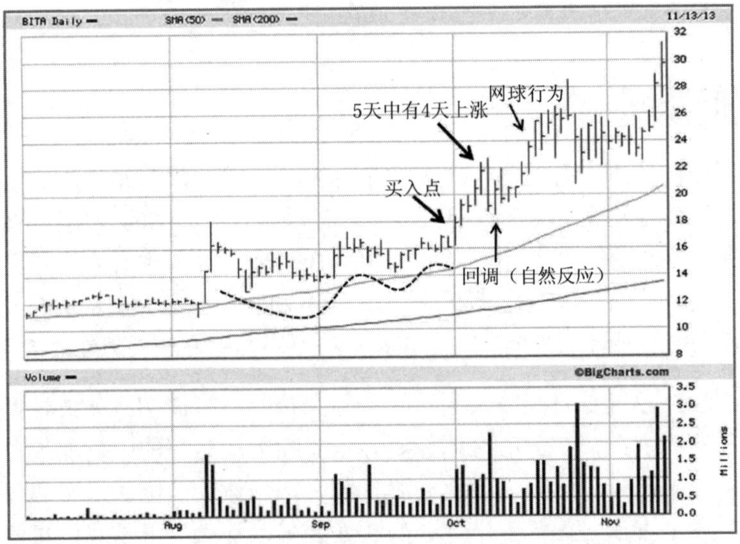

图 1-7　2013 年，Bitauto Holdings Ltd Ads（BITA）股票在 11 个月里上涨了 478%。股票突破前期基底，在 5 天中有 4 天是上涨的。在突破前期高点前有 2 天的回调，之后 10 天中有 8 天是上涨的

明星股票应该显示出如下特征：

- 突破后有追盘买入的行为。
- 上涨的天数多于下跌的天数，上涨的周数大于下跌的周数。
- 网球行为——回调后反弹的弹性。
- 与下跌的天数和周数相比，上涨日和上涨周的交易量都明显放大。
- 好的收盘次数多于坏的收盘次数。

什么时候不该卖掉一个“扩张的”股票

当我的朋友大卫·莱恩（David Ryan）在 20 世纪 90 年代中期与威廉·奥尼尔（William O'Neil）一起经营美国新成长基金（New USA Growth Fund）时，他注意到许多股票将突破基底，并迅速进入“扩张价格”。他对“扩张”的定义是任何股票从最近的底部算起，涨幅超过 10%。大卫永远不会买这种扩张的股票，但他注意到其中一些股票会继续上涨，并且扩张得越来越多。在许多情况下，这些股票都能带来巨额收益。

那么，是谁在持续买入这些股票呢？

大卫认为，这一定是大的共同基金或对冲基金，它们无法在短短一两天内就完成建仓。在某些情况下，它们需要几周的时间来购买它们想要的股票。它们提高股价买入的意愿激发了大卫的好奇心，并引领他研究“大钱”建仓的信号。而且，这些信号只能在多天的观察中得到。他将这些股票与那些涨势较小、快速滚动并重新跌回原点的股票进行比较，经过数小时的研究和观察，并在一位名叫 Rajneesh Gupta 的杰出程序员的帮助下，发现了一些明显的特征。

大卫最初称这个特征为“蚂蚁”。这是一个术语，用于描述出现在图表上的注释，以表明股票何时符合这些特征，它们是价格柱上方的微小记号。在最近的一次谈话中，大卫告诉我一个简单的方法，来记住这个特征，他将其称为“MVP 指标”，其中 M 代表动量，V 代表交易量，P 代表价格。

连创新高的股票具有以下特征，通过这些特征区别于其他股票（见图 1-8）。

- 动量，股票在 15 天内有 12 天上涨。

- 交易量，在 15 天里，交易量增加了 25%以上。
- 价格，股价在 15 天里，涨幅达 20%以上（15 日内涨幅越大越好）。

大卫警告，不要仅凭着上述特征就买入“扩张”股票。他说应该等待一个回调（自然反应）或一个新的基底的形成。然而，有时候股票具备这些 MVP 特征却没有扩张。当 15 天分析方法起始于基底底部附近时，就可能发生这种情况。在这种情况下，可以立即买入这只股票。重要的是要注意，当股票从基底后期扩张时，该指标可以作为卖出信号反向使用。我们将在第 9 章中讨论这个问题。

每个人都希望自己球队有一个像迈克尔·乔丹或佩顿·曼宁一样的 MVP。大卫的 MVP 指标可以帮助你找到有潜力的股票，或者帮你持有显示出由“蚂蚁”主导的强大机构感兴趣的股票的头寸。

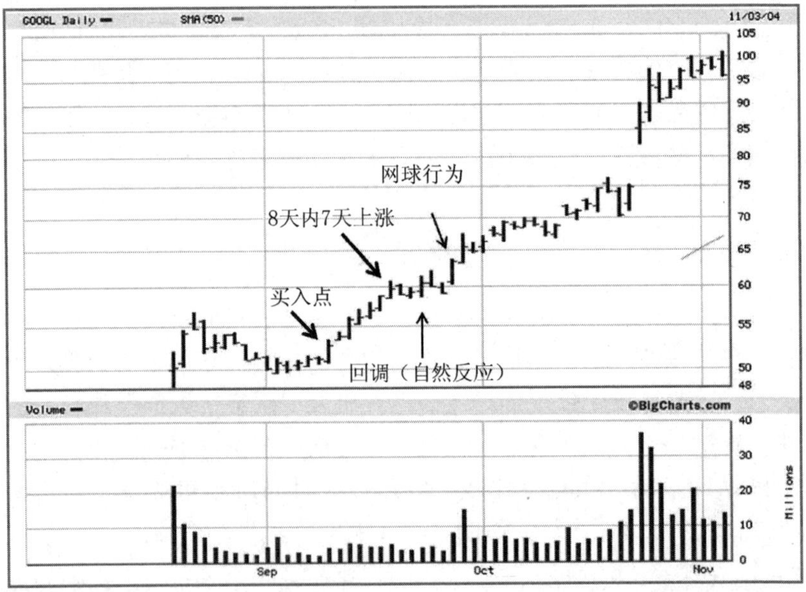

图 1-8　2004 年，Google（GOOGL）股票在 40 个月里上涨了 625%。股票连续 7 天上涨显示了一个很好的买入点。回调很轻微，并且从 52 美元到 100 美元一直有强支撑

如果没像预期一样发展

每个计划都必须对负面的发展负责。现实情况是，会有许多笔不符合预期的

投资，你必须有相应的计划来处理这些情况，并尽可能减少损失。你应该知道投资交易出现问题的信号，在某些情况下，它们甚至可以在你到达止损位之前提醒你，是时候退出或降低你的仓位了。可能股票的基本面恶化了。或者也许这是一个很好的公司，但是最佳时点已经过去了，更好的机会可能还得再等一下。但是对于当下的交易来说，如果你的期望没有实现，股票的行为不正常，就必须意识到这一点。以下是几个“警告”，告诉我一笔投资并没按照我的计划发展。

1. 突破基底之后，注意观察 20 日均线

一旦股票价格突破适当的基底并开始向上移动，则它应该持续处于 20 日均线上方，我不想看到价格低于 20 日均线。如果发生这种情况，就是负面信号。我不一定会因为这个原因卖出，但是我的研究表明，如果股票突破 VCP，不久之后收盘价就低于 20 日均线，那么这笔投资在你被迫止损之前走向成功的可能性就会减少一半。如果股票放量并跌破 50 日均线，这就是更糟糕的信号了。记住，收盘价低于 20 日均线并不重要，重要的是在股票刚刚突破基底之后就很快发生，那时 20 日均线的比较就变得很重要了，如果触发了其他的警告事项，就更加需要注意了。

2. 注意股价连续三天创新低的交易量

另一个关注点就是当股票连续下跌三天，每天都创新低，形成了反向突破时，特别是要关注在第三个低点发生当天和次日都发生了什么。放量的三个低点是警告（见图 1-9），但如果在第三个下跌日，买家急速抢入，交易量上升并且股价收在当日振幅的上半部分，我可能会选择持股不动。但如果股价第三天仍然收在低位，特别是如果低位下跌并伴随着交易量的放大，且没有具有支撑力度的购买，这就是对本次投资的一次沉重打击。

有时会出现四个低点。首先，第三个低点之后每一次连续新低都越来越糟糕，特别是伴随着交易量也随之放大。发生这种情况时，你应该仔细关注股票。低交易量的、轻微的回调可能会超过三个低点，但此时无须担心。但是，当交易量放大并出现三个或更多的低点时，就是警告。当这种情况发生时，你应该非常仔细地观察股票。如果股票找不到支撑，就一定要小心！

如果在突破后不久就碰到上述两个场景组合出现，低于 20 日均线、连创新低且没有支撑行为，或者更糟糕的是，收盘不好且交易量放大，此时的成功机会已经很渺茫了。

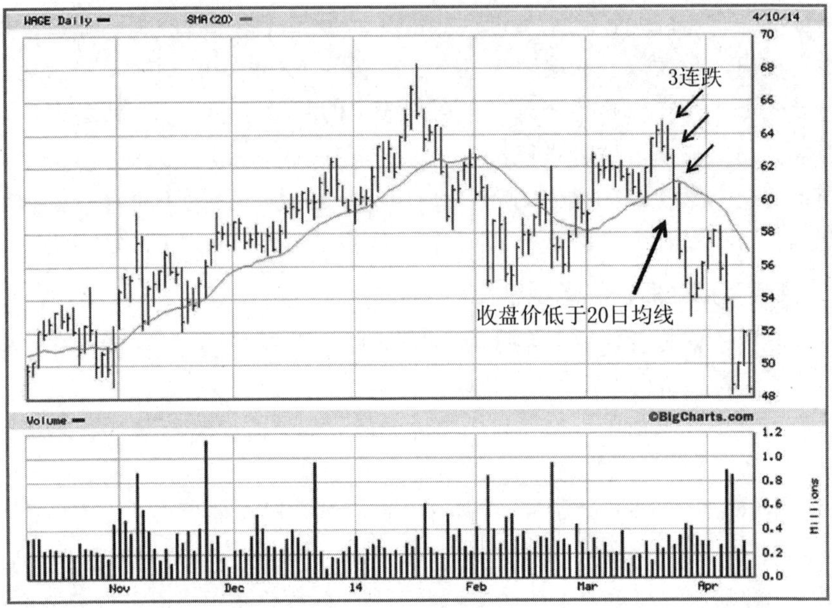

图 1-9　2014 年，在相对低交易量的突破后，WageWorks（WAGE）股票价格没能持续跟进，反而迎来抛售，从而产生了连续三天的下跌，交易量上升并且收盘价已经低于 20 日均线

3. 低交易量突破基底、高交易量重回低位是个危险信号

成交量可以说明一次交易的成功或失败。假设你买了一只股票，买入是因为它突破了一个 VCP 模式，并且伴随着相当不错的交易量。但是，如果你是在交易日刚开始时买入的——比如在交易的第一个小时——你还无法确定这是否会是放量的一天。接下来发生的事情会给你一些判断此次投资成功可能性的信号。

在 2014 年的 Master Trader 研讨会上，美国三届投资冠军大卫·莱恩（David Ryan）表示："我想立即获利。如果我在买入股票后不能很快就看到盈利，我就倾向于卖出。"如果股票在低交易量的时候突破，并且在随后的几天交易量马上回到高位，这就是一个值得关注的事件（见图 1-10 和图 1-11）。你不想看到自己的股票回吐掉可观的收益或者没能成功地突破，然后被大量卖出。我的朋友丹·泽格（Dan Zanger）也是 2014 年 Master Trader 的项目成员，他说得最好："获胜的马不会自己回到马厩里。"

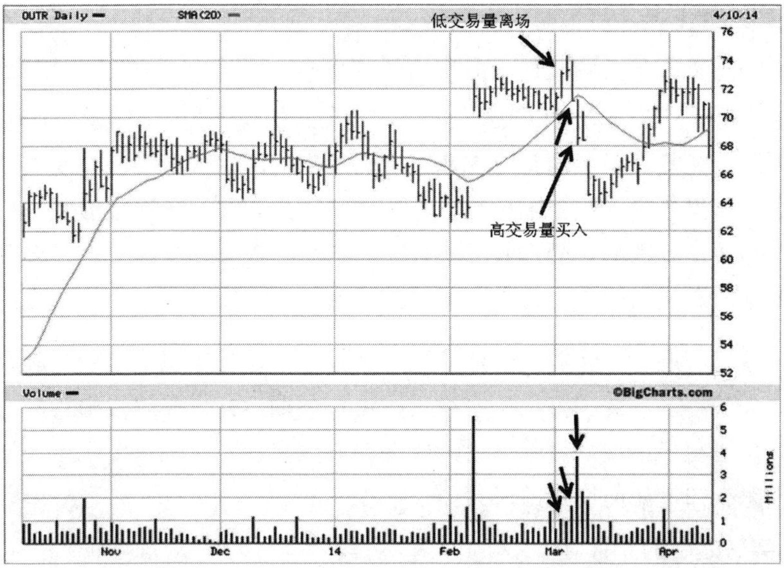

图 1-10　2014 年，OuterWall Corp（OUTR）股票尝试突破，但很快转向并且交易量放大。低交易量突破基底、高交易量重回低位是一个危险信号

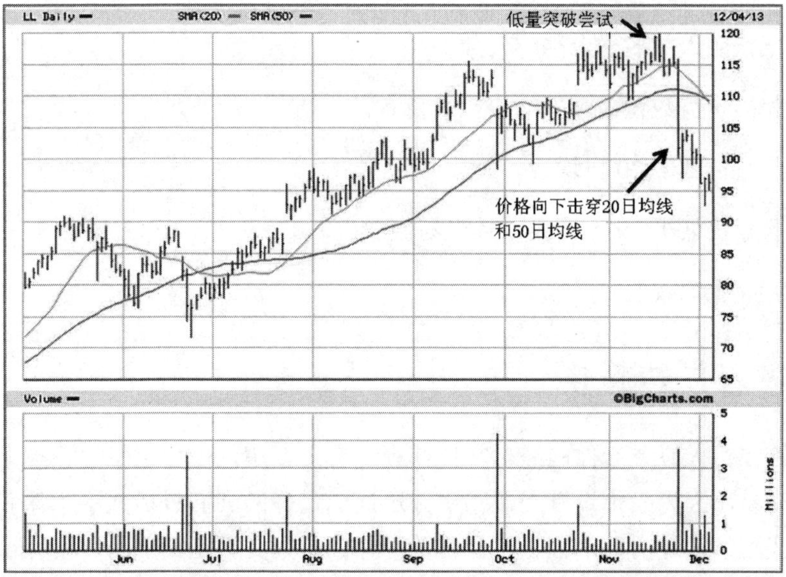

图 1-11　2013 年，Lumber Liquidators（LL）股票筑底后期出现低交易量，没能成功突破，并且出现反转，价格向下击穿了 20 日均线和 50 日均线——这是明显的离场信号

4．同时触发多项警报时一定要当心

正如刚刚描述和展示的那样，负面的场景融合在一起，低量突破、没有资金后续跟进、连续三天创新低以及在 20 日均线附近出现大量抛售，这意味着这次投资事与愿违。这些警报可能会给你带来麻烦，出现的警报越多，交易失败的可能性就越大。如果其中一些警报拉响了，即使是发生在我的止损线被触发之前，我也可能选择卖出。视触发警报的数量和严重程度，我会减少头寸或完全离场。当然，如果我的止损线被击穿，我会毫不犹豫地斩仓离场！

根据策略和期望，你能够确定计划是被打乱了还是实现了。购买股票后发生的异常和失望越多，你越得承认本次投资没按预期运行，并应做出相应的调整。能够承认自己犯了错误，对于你成为成功的股票交易者至关重要。但如果没有路线图，你怎么知道如何识别错误？

5．突破之后的警报

- 低交易量突破基底，高交易量重回低位。
- 三个或四个股价新低，且没有支撑。
- 下跌的天数多于上涨的天数。
- 差的收盘数量大于好的收盘数量。
- 收盘价低于 20 日均线。
- 收盘价低于 50 日均线，且交易量放大。
- 回吐全部收益。

深蹲后反转修复

尽管在买入股票后你已经对其后续行为有了期望，但你也不想无缘无故地终止一次交易，因为股价没有立即腾飞并迅速满足你的利润目标并不意味着交易的失败。我刚刚描述的几个警告，会告诉你你的行为是否是糟糕的。没有计划，你可能会错过警告标志，或者在股价自然波动中很快地退缩且过早地停止，所有这一切都是因为你在交易之前没有制订一个计划。

有时，股票将突破中枢点，但又能回到前期筑底的范围内，并在当天收盘的高点之后开始下蹲。当这种情况发生时，我不一定会跳下甲板并出售股票，我会试着等待至少一两天甚至几周，看看股票是否可以进行我所说的“反转修复”（见图 1-12 和图 1-13）。这个方法在牛市中很有效，在某些情况下的恢复可能需要 10 天的时间。这不是一个硬性规则，有些可能需要一点时间，而有些则会失败，并让你止损出局。

当然，如果反转大到足以触发我的止损线，我会毫不犹豫地卖出。如果反转导致收盘价格低于 20 日均线并且交易量放大使警报开始堆积，则成功的可能性已经降低，并且需要我开始做出判断，有时我会卖出，有时我会减少头寸。如果价格开始收紧，交易量下降，则情况可能有所改善，这可能意味着你入场交易的时点稍稍有点早。*反转修复意味着股票能够快速攻克熄火或发生反转的那一天，这是一个积极的信号*。购买之后，只要没触及你的止损线，尽量给股票一两周时间及足够的空间发生正常波动。如果股票下蹲，不要惊慌，只要你的止损线不被触发，没有发生重大警报，就可以等待，看股票是否可以逆转回升。

图 1-12　2014 年，Biodelivery Science Intl（BDSI）股价在 3 个月里上升了 80%。股票尝试去破前期形成的杯柄结构，之后在突破日深蹲。两天后，开始反转修复。没有触发警报也没有触及止损线，只要你在突破/深蹲当天买入，就可以保留这笔交易

图 1-13 2013 年，Micron Technologies（MU）13 个月里上涨了 87%，股票形成了完整的杯型结构（3-C，见第 7 章）。突破当天熄火，收盘价低于当日振幅中点——典型的下蹲。两天之后，股价启动并且开始反转修复

避免麻痹——后悔的恶性循环

通常，投资者在买入股票后会感到困惑，不知道下一步该怎么做。他们买入并一直持有，等待“事情”发生（意思是他们希望并祈祷股票自己行动）。但是没有基于健全规则的参考，他们无法衡量投资好坏，不知道事情是按计划进行的还是发生了需要关注的事项。害怕后悔是一种强大的情感。如果你没有计划，你一定会遇到情绪麻痹的情形，并在关键决策时刻依靠直觉。如果你像大多数交易者一样，那么你的情绪会在以下两种情绪之间不断波动。

犹豫不决：

- 我应该买入吗？
- 我应该卖出吗？
- 我应该持有吗？

遗憾后悔：

- 我应该买入。
- 我应该卖出。
- 我应该持有。

请记住，投机是期待即将到来的波动方向，然后等待被证明是对还是错。制订一个计划并执行，等交易完成后，你可以评估结果、改进自己的方法，并制订新的攻击计划。关键是要看是在怎样的情况下运作的，不因恐惧而悲观，不因贪婪而盲目乐观。如果不根据你的计划进行投资，一切就都没有意义，而且这是不合逻辑的。底线是，如果你在进行交易之前没有考虑好，那么你可能会为各种情况找理由，在需要迅速采取行动的时候犹豫不决。

本书是讲规则的，无论你的策略是怎样的。换句话说，本书中的规则并不一定基于特定策略，这就是为什么这部分是如此重要的原因：务必制订一个计划！我会告诉你我是如何将计划应用于自己的交易的，但无论你的方法是什么，如果你没有计划，你最终会毁掉自己。你无法管理自己的策略，在这里买入？在那里卖出？持有并获得更大的利润？你会犹豫不决，除非你有详细的计划图，包括确认信号、代表交易正常运行、警示信号、作为警告和后续行动的依据等。

所以一定要制订一个计划，你的成功就取决于它。

第 2 章

风险优先地看待每笔交易

股票的确可能从 A 点到 B 点，但重要的问题是，那时你是否还留在马背上？

——Mark Minervini

每天早上开盘前，我都会对着镜子中的自己说："马克，你今天有能力对自己造成严重的损害。"然后，我再去上班。我用这个小小的动作作为一种面对和承认自我毁灭能力的方式，并提醒我永远记住交易中最重要的四个字——敬畏风险！

你不可能完全规避风险，但你可以将其最小化并对其进行控制。如果你想要有效地降低风险，只需要承认股票不会自我管理，你是掌控者，由你来保护你辛苦赚来的资本。你也必须意识到并面对：是你自己的懒惰、缺乏纪律、没有准备等弱点导致糟糕的表现，甚至导致自己的财务灾难。

对于我所做的每一笔交易，我总是"先考虑风险"。通过风险优先的思考和行动可以知道，如果做错了自己将会失去什么，知道能够继续交易远比获得收益重要。因为如果你丢掉所有的筹码，游戏就结束了。如果你自负并且不尊重风险，我可以保证你无法取得巨大的成功，甚至可能会丢掉所取得的成就。

出口在哪里

大多数投资者在找到他们喜欢的股票时，所想到的就是买入以及可以赚多少钱。他们只考虑回报！越是向往收益，他们越希望昨天多买。贪婪导致缺乏耐心，并且经常在深思熟虑前就跳出来。然而，"收益优先"并不能给他们带来多大的回报。要获得优异的业绩并在熊市中也能生存，你必须控制风险，在每天、每一笔交易中都要这样做。控制风险从确定止损点开始。

我在输入每一笔买入指令前都知道，如果事情没有按预期的方式发展，自己要亏损卖出的确切价格。我在买入之前就已经确定好了该价格水平。我不专注于上涨空间，只专注于下跌空间。采取"风险优先"的方法意味着我了解每笔交易固有的风险，并为不可预料的事情做好准备。如果想得到更大的股市回报，你必须考虑自己愿意承担的风险，并有一个预先定好的退出计划，用来保护你的账户，使之免受大的损失。否则，即使你足够幸运，会收回一部分或全部的利润，最终也只会得到一个平均业绩。

多年来，我已经磨炼出了一个纪律，所以如果市场对我不利或者特定股票突然出现负面的变化，我就不必临阵磨枪。在我进行交易之前，我就确定好了退出点。那就是我会毫不犹豫地撤退止损的预定价格。如果事实证明是虚惊一场，我还可以再买回来。像保险单一样，我这是在支付相对较小的费用，来保护自己免受重大损失。

不幸的是，大多数投资者永远不会使用或者尝试使用止损砍仓方法。当他们出售的股票反转回来时，他们会说“我再也不会做那样的傻事了”，这是因为在他们的意识里是“收益优先”而不是“风险优先”。没有止损的交易就像驾驶没有制动器的汽车，也许你可以绕过这个街区几次，但是如果没有制动器，你估计自己在撞车前可以走多远？交易也是如此：当你不通过止损保护交易时，发生重大事故只是时间问题。一个强大的市场，可能会容忍你在一段时间内冒失地交易，但根据我的经验，那些没有止损安排的人最终会被清出市场。

没有纪律，规则形同虚设

“精神止损”并没有什么好处，比如告诉自己“如果股价低于‘××’我就离场”。这就像驾驶时不使用或者只是偶尔使用制动器一样。“精神止损”的问题是太容易“忘记”，容易紧抓一次失败的投资不撒手，并告诉自己“一旦股票回升就会卖掉，只要让我回到盈亏平衡点，我就会离场”。股票可能会继续走低，而亏损持续走高。对于大多数交易者来说，亏损越多，卖出就变得越困难。每一个巨大的损失都是从一个小的损失开始积累起来的，保护投资交易免受亏损的唯一方法是在雪球失控之前接受少量的亏损。在 30 多年的交易生涯中，我没有找到比这更好的方法。

避免情绪化止损

无论是否喜欢，每个人都存在“情绪化止损”。你无法接受的那个点就是你的情绪化止损线。对大多数投资者来说，情绪化止损远远超出了数学意义。相反，这是一个损失，大到足以同时造成重大的财务和心理伤害。如果触动你的情绪化止损线，就一定会损害你的资本及信心，从而使你不太可能在后面做出正确的交易决策。我听到有一些专家说，止损的交易是愚蠢的。只有傻瓜才会这么说！我从来没有见过一个股票交易者，可以在不采取任何形式的止损保护的情况下，持续获得超额回报。相反，我却看到无数平庸的投资人没有止损地进行交易，最终一无所有而黯然离场。

不要成为“被动长线投资者”

投资者讨厌承认错误，所以他们会找各种理由。新手会在做对的时候自诩为“交易者”，在做错的时候自诩为“投资者”，并不断在两者之间切换。当一笔“交易”表现不如预期，他们开始亏损的时候，他们突然间就变成了一个长线投资者。于是他们成为杰西·利弗莫尔（Jesse Livermore）所称的“被动投资者”，收获了小额利润并遭受了巨额损失，这与他们最初想要的完全相反。

没有人可以确定股价只会下降到哪个位置，然后走高。你怎么会知道 10%或 15%的回撤是 50%或 60%甚至更大的回撤的开始呢？是的，你不会知道的！如果你知道你的股票会下跌，你会买吗？当然不会！

平均来说，长远看，你的交易中只有 50%可能是正确的。在健康的市场上，最好的交易者可能会选择约 60%或 70%的绩优股。事实上，你可以在选股正确率只有 50%的情况下仍然获得巨大的成功，但只有当你控制好亏损并避免成为“套牢投资者”时才可以。你可以通过挑选绩优股，在两三次交易中盈利一次，但只有在失败股票对你的账户造成不可逾越的损失之前卖掉才可以。

你必须避免找借口，避免想方设法为自己为何持有一个没有价值的交易而找各种理由。*你应该始终提前确定止损的价格，然后写下来，把它放在床头，并在计算机中设定，以便在股票达到止损价格的时候能向你发出警报。*你甚至可以在你的经纪人那里设置止损单，当你的价格目标被击中时，它将自动触发卖出止损。最主要的是你得立即止损，毫不动摇。

之后当你复盘交易结果时，你可能会对你的下一笔交易进行一些调整。也许你会被频频止损，因为你的止损线设定得太苛刻了；或者你的损失会很大，因为你的止损线不够高。在你意识到你的股票出了问题或时点选择有误之前，你不应该让股票下跌太多，以免造成很大的损失。如果你的目标是卓越的回报表现，巨大的亏损是根本无法接受的！

风险多大才算大

你一定要把亏损控制在 10%以下，因为亏损将以几何级力量与你对抗。当你的亏损比例越来越大，超过 10%时，对抗你的力量就会越来越强。如果下降 5%，后面涨幅达到 5.26%后你才能盈亏平衡。亏损 10%，则需要 11%的收益才能盈亏平衡。40%的亏损需要 67%的收益才能打平。50%的损失后，收益必须是 100%才能重新回到盈亏平衡点。如果从买入位置下跌了 90%，你需要 900%的收益才能得到平衡！你购买的股票有多少能达到 900%、100%甚至 67%的收益呢？所以 10%的亏损是我能承受的最大值，然而我的平均亏损要远低于此数值。

避免野马的跳跃

如果股票高度波动，频繁在上涨下跌中徘徊，使用相对“紧”的止损来控制风险将是一件十分困难的事情。由于股票振幅较大，即使股票波动正常，你也很可能会被止损出局。把止损线设置得宽一些可以容纳这些大的波动，但可能会使你面临更大的下行风险。风险优先的方法告诉你此时应另找候选股票，毕竟市面上有很多股票可以交易！

如果将股票看作是畜栏中的马，那么除非你是一个大胆的马术骑手，否则为什么要选择一匹难以驯服的野马？当然，一匹野马可能会从 A 点到 B 点，就像波动的股票从每股 20 美元涨到每股 40 美元。但是实现这个最终目标是有代价的。你的最终的目标是让自己停留在那匹马上（或者说仍在交易），而不会被颠下马（止损出局）。

你需要的是这样一匹马（一只股票），可以驱使它到畜栏的另一边，但不能有太多的波动，以保证你最终不需要面对污垢和践踏。如果你瞄准波动最大的马（股票），你可能需要经历许多痛苦和消化不良。而且，你会有很强的挫败感。

风险优先的方法能够帮助你避免在第一次尝试中就被甩下马背，让你把焦点放在一匹温顺的马上从容骑行。多年前，我在拜访了叔叔的农场后得到了这个教训。

哦，那是“黑兰花”

10 岁时，我访问了我的叔叔约翰在康涅狄格州的马场。马场中有一匹刚好适合像我这样的年轻骑手的小黑马，名叫“黑兰花”。然而，“黑兰花”这匹小马却因为难以驯服而声誉不佳。我才骑上不到一分钟，她就把我摔下来了，正摔在一棵树下，一条低垂的树枝撞了我一下，划伤了我的脸。

你可能认为这能在选马方面给我教训，很不幸的是，并没有！几个月后，当我回到约翰叔叔的农场时，我又来找“黑兰花”。这一次，她开始跑步并开始甩背。我在马背上被颠得晕头转向，直到“黑兰花”又一次把我摔下来。然后，为了告诉我谁是老大，她跑过来把蹄印留在我的背上，万幸的是我没有受到太大的伤害。

约翰叔叔和堂弟迪恩冲到我身边，“你还好吗，马克？”叔叔问。我用茫然的笑容抬头看着他说：“约翰叔叔，你刚才看到我骑得有多快吗？”哦，我有一小段时间速度很快，但我没能到达畜栏的另一边。“黑兰花”到了，而我没有。

现在每当我看股票时，我都会想到“黑兰花”。所以，你说我还会选择那种会让我脸朝下摔在地上、后背还被马踩上一脚的波动环境吗？

股票交易不一定是一件伤脑筋的事情。所需的只是一个基于坚实的交易原则的好计划。该计划的一部分就是牺牲承担太大风险的交易。在股市畜栏中远离“黑兰花”，去寻找一匹名为“阿尔法（Alpha）”的好马吧，它能带你走得很远，还不会把你颠下马背。

再回头说说风险

实际上我的止损设计是我选股过程的重要组成部分。我可以把目光放在一只特定的股票上，但我可能不会买入，除非它能给我一个低风险的入场点。你不应该在卖出的时候控制风险，而应该在购买的时候就对其进行控制。当卖出的时候，你只需要承担亏损，但亏损应该是预先确定好的，它应该具有数学意义。如果你的预期收益只有 10%或 15%，你会承受 25%的亏损吗？如果你一直在购买收益比风险更大的股票，随着时间的推移，你将会变得很好。但是，如果你选择不利于自己的赔率，而冒更大的风险，那么你也许更应该去赌场。

在危险点附近交易

为了控制风险，我想尽可能地在接近我的止损点时进行购买，这被称为接近“危险点”（见图 2-1）的交易。区分正常行为和不正常行为，是你应该花时间学习的重要技能。根据下跌百分比设置止损点并买入突破的股票是一个好的开始，并能使你领先于大多数交易者。然而，真正伟大的交易者知道如何辨别危险的价格波动和正常的价格波动，并能在股票出现警告、交易开始变坏的时候关闭交易。

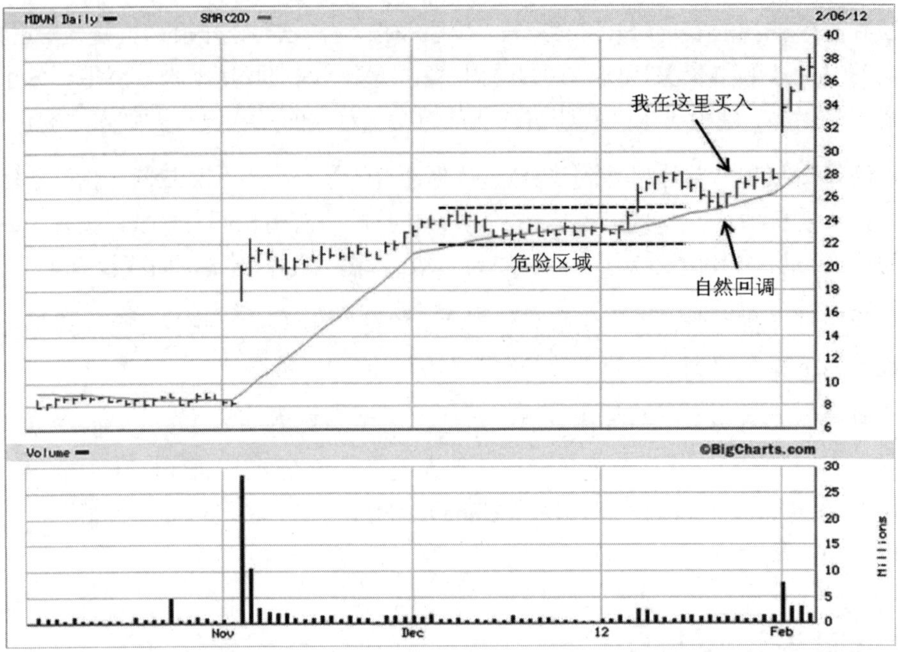

图 2-1　2012 年，Medivation（MDVN）股票在 7 个月里上涨了 112%。该股票在窄幅波动后突破，并回撤至突破点或危险点的水平上

最佳止损位置应设置在使股价有足够的波动空间、但又足够接近危险点，并且数学意义上的风险并不算太高的位置。聪明的交易者都是根据技术指标及自己的算法设置止损线的。危险点附近的交易意味着低风险买入。

知道你控制的是什么

当涉及风险时，人们本能地就想要控制所有的事情。在股票交易中（正如生活中的许多事情一样），只有一小部分事情你可以真正控制。事实上，交易中只有 4 件事可以直接控制。在交易之前，你可以控制：

- 买什么
- 花多少钱买
- 什么时候买

当你交易完成后，你能控制：

- 什么时候卖出

这就是——在交易之前的三个可控事项，以及在交易之后的一个可控事项的内容。即使你拥有股票，你也无法控制它是上涨还是下跌，就像你无法控制天气一样。股票就像天气一样，会做它应该做的事情。你能做的就是继续你的研究，建立你的头寸，并希望根据你的标准能够取得成功。

但是，如果事情没有按照你的预期那样发展呢？了解你所能控制的内容将帮助你专注，并集中注意力和精力来管理风险。在交易之后，你可以直接控制的只有一个事项（何时出售）——可以想象这个事项是多么重要。

谁是对的，谁可能是错的

要想决定削减股票的损失，要求你必须接受“你可能是错的”的概念，因为市场自身从来没有错。对于大多数交易者来说，因为太过自负，而很难认识到这个现实。我们都自负，但是当自负驱动投资决策时，最终的结果很少是好的。自负负有 100%的责任，让你固执地挖掘、投入、不肯卖出，不承认自己的错误。自负会让你在犯错误时寻找借口，比如“这是一个不错的公司，不会出事，我不卖出”。

就我个人而言，我不会在股市中宣称成功找到了一家不会出问题的公司。我寻找的是能够大幅提升价格的股票。自负一次又一次地伤害投资者。如果你不相信自负在交易中的作用，请考虑以下事项。

- 情景 A：你买了一只股票，不久之后它开始遭到抛售，你为了减少亏损而退出并有了 2 500 美元的亏损。第二天股票飙升，如果没卖的话你会在交易中赚到 25 000 美元。你感觉如何？

- 情景 B：你买了一只股票，不久之后它开始遭到抛售，为了减少亏损，你卖出股票并承担了 2 500 美元的亏损。第二天股票开盘下跌，暴跌；如果你继续持有，而不是及时止损，你将损失 25 000 美元。现在，你感觉又如何？

在以上两种情况下，你的亏损都是 2 500 美元。

当我回到盈亏平衡点时，我会卖掉。听起来很熟悉吗？你以每股 35 美元的价格买入了一只股票，当下跌至每股 32 美元时，不愿意出售。股票下跌至每股 26 美元时你在想“如果还能以每股 32 美元的价格卖出就太好了”。当股票继续下跌至每股 16 美元时，你问自己“为什么我没有以每股 32 美元甚至每股 26 美元的价格出售？那时候我本来有机会以相对较小的亏损退出”。投资者遭遇这种情况的原因是他们缺乏处理风险的健全计划，并允许“自负”参与其中。

一个策略的好坏与你是否愿意遵守自己的规则相关。要想实施一个健全的计划，需要自律，这一点没有人能替你去做。你的自负让你不想出错，而当你承认错误时伴随而来的伤痛导致了你忽略错误。为了解决这个问题，你需要让自己为小亏损而快乐、为大亏损而痛苦，这将有助于你在情绪上能够接受一个小损失以防其变大。

交易的一课

市场是一个苛刻的工作主管，当你犯错误时你会受到惩罚，不仅在财务上，在情感上也会受到惩罚。市场既可以打劫你的口袋，也可以打败你的心灵。从资金和自信的损失中恢复并不容易，但是仍存在自我保护的方法，并且这个方法与任何策略都相融。规则的前两条是：始终遵循一个计划；用风险优先的方式看待每一笔交易。

如果你不能遵守这些基本规则，就更别提之后的规则了，你必须仔细审视自己。你究竟想要达到什么目的？你想赚钱还是想通过实践证明你知道的比市场多？还是你只是想进行一场自我毁灭的运动？遗憾的是，大多数人都认为自己的形象配不上成功，所以他们毁了自己的成功机会。是的，你会取得成功！但前提是你得做正确的事情才行，市场对傻瓜是不屑一顾的。

交易是显示你的内在的最有力的试金石之一。你会很快发现自己是否有能力做到所需要做的，不论是情感上还是身体上。如果你不愿意做出正确的选择，那么这堂课对你来说可能就是一件痛苦的事情。

我的规则旨在作为战术手册可以适应任何交易策略，它可以作为基础的台阶，带你走上成功交易的道路。伟大的足球教练文斯 • 伦巴第（Vince Lombardi）就比较专注于基础事项，确保他的球队可以比其他任何队更好地做到阻挡、抢断、飞奔、捕获和传球。他知道，更好地打好基础可以让他赢得比赛。

股市是财富增值的好地方，如果你有纪律，你的成功机会还是非常大的。不过，在你开始憧憬可以用盈利购买的汽车和船只之前，你最好先考虑如何避免失去你的本金。不要亏损过多是赢得大胜的最重要因素。作为一个投机者，失败本身不是一个选择题，但是你可以选择亏损的额度。你会犯很多错误，我们都会犯错，当我们承认它、处理它并从中学习时，错误就不是问题。但是，当我们陷入困境并拒绝处理时，一切都将开始流失，小问题也会变成大问题，在交易和生活中都是如此。

股市的长期成功与希望和运气无关。获胜的股票交易者都有自己的规则并制订了良好的计划。相反，失败者则缺乏规则，或者他们即使有规则也没有长期坚持下去，他们会偏离。

记住，始终以风险为先，这是能让你一直留在游戏里的关键。在不守纪律、缺少经验、不专心地参与其中很长时间后，你会被迫走到边缘或被驱赶到贫民窟。

第3章

永远不要让风险超过预期收益

公众要求确定性，必须被明确告知：这是真的，那是假的！但实际上，没有确定性。

——亨利·路易斯·门肯

（H.L. Mencken）

投掷一枚硬币，正面与反面的概率相同，50 对 50。但是如果投掷出正面你能赢得两美元，投掷出背面让你只损失一美元呢？在这个赔率下，你会想要尽可能多地投掷这枚硬币，不是吗？我们假设你决定将自己的最大亏损限制在 10%，因为在这一点之后损失在数字上开始对你越来越不利，下跌越多，情况越糟糕。现在的问题是，你是否充分控制了你的风险？一些交易者可能会说“是的”，把最大损失限制在 10%以内听起来是正确的。

但真的是这样吗？需要指出的是，如果你只看问题的一方面，你怎么知道应该在哪儿限制损失呢？为了设定适当的止损线，你需要了解你的平均收益，这不是你希望在每笔交易中实现的收益，而是你可以合理预期的平均收益。

你需要实际的数字才能准确地确定自己的风险与潜在的收益。原因如下：假设当你冒的下行风险是 10%，而你交易的平均盈利只有 5%左右，你真的要冒 10%的风险赚 5%的收益吗？如果这样你需要在几乎 70%的交易中做正确，才能勉强做到盈亏平衡。但是如果反过来，你的平均收益为 10%，同时你只持有 5%的风险。那么现在你即使在三次交易中只做对一次，也不会有任何真正的麻烦。

平均成功率

风险不是随意的数字，你的风险必须根据你所获得收益的金额进行调整。因此，损失是关于预期收益的函数。虽然我经常得到超出我平均参数的巨额亏损，但我很少有大于 8%到 10%的亏损。平均而言，我的亏损大约是它们的一半。现在，我们假设我的平均收益大约是 15%，是由于平均 4%至 5%的亏损和 15%的收益似乎控制了我的风险。但是要知道，我还需要一个数字——平均成功率。

每个棒球迷都知道，没有人能 100%地击中球；甚至 50%地击中球都是不可能的。就算特德 • 威廉姆斯（Ted Williams），这位史上最伟大的击球员，在他最好的赛季中击中率也仅为 40%；他的职业生涯中平均击中率为 34.4%。诚然，棒球不是交易，但它确实能告诉我们一些事实，即使是在某个领域表现杰出的人，也没有完美的记录，交易当然也遵循这样的事实，不会例外。

在交易中，你的平均成功率就是你获胜交易的百分比（Percentage of Winning Trades，PWT）。虽然你的平均成功率不像你选择什么股票、买什么以及什么时候买入和卖出，也不像止损那样是你可以直接控制的东西，但它仍是一个重要的数字，并能在计算时决定你应该承担的风险。要确定适当的风险百分比，你需要确保你的收益已经作为风险的一个因素，因为你永远不想让风险超过收益。

在 50%的平均成功率下，你正确的次数和错误的次数一样多，所以要保持 2:1 的收益/风险比，你需要让亏损只有收益的一半。然而，如果成功率是 40%，为了保持相同的 2:1 的收益/风险比率，你的亏损将必须保持在收益水平的 1/3。例如：

如果：

- 有 50%的成功率
- 平均涨幅为 10%
- 有 5%的平均亏损

则：

$$(50\times10)/(50\times5)=2:1$$

如果：

- 有 40%的成功率
- 平均涨幅为 15%
- 有 5%的平均亏损

则：

$$(40\times15)/(60\times5)=2:1$$

让“失败”成为一部分

当我说相较于 75%的成功率，我更愿意能以 25%的成功率保持 25%的平均盈利时，大多数人都会感到惊讶，这是为什么？因为它允许我多次犯错，但仍然赚钱，它将“失败”构建到系统中。我在没有直接控制能力的地方尽量多地将失败构建到交易中。你不能控制自己的平均成功率，因为你无法在自己购买之后控制股票。用来掌控我不能直接控制领域的方式就是不要太依赖这些领域，通过将亏损控制在收益的一小部分可以保持我的优势。跟收益相比，我的亏损越少，我可以忍受的低成功率风险越高，这意味着我可以犯更多错误并且仍然赚钱。

波动和预期的科学

你可能听人说在设定止损时应该给价格震荡留有空间，应该根据股票的波动性大小设置自己的止损线，对此我表示强烈反对。在大多数情况下，在恶劣的市场环境下才会经历高波动。在困难时期，你的收益将会低于正常水平，而你赚钱的百分比（你的平均成功率）一定会比平常要低，所以你必须以缩小损失的空间来弥补。可以假设在困难的交易期间，你的平均成功率可能会下降到 50%以下。**一旦你的成功率下降到 50%以下，提高风险与收益的占比将最终导致你的期望达到负值，你的成功率越低，负的预期则会越早实现。**

用于设置止损线的流行指标是真实波动幅度均值或称 ATR（Average True Range），这是威尔斯 • 怀尔德（Welles Wilder）提出的度量波动性的指标。怀尔德先生最初为商品制订了 ATR 指标，但该指标也适用于股票和指数。简单来说，经历高水平波动的股票将会有更高的 ATR 或更松的止损线，而经历低波动的股票将会有较低的 ATR 或更严格的止损线。我不太认同通过扩大你的止损来适应波动性，只是因为你的收益大于你的亏损并不一定意味着会赚钱，即使你的收益是亏损的两倍。

举例说明：如果你保持相同的 2:1 收益/风险比，那么在 40%的平均成功率下，你可以在 4%的回报率下赚钱比 42%（10 倍）回报率下还要多。这听起来很难以让人相信，但这是真的。为什么？因为亏损在几何级数上对抗你，一旦你明白这一点，你就学到了交易的一大秘密——用数学知识来计算一下！

- 如果有 40%的成功率，平均收益为 4%，平均亏损为 2%，收益/风险比为 2:1，则 10 次交易的净利润率为 3.63%。
- 如果有 40%的成功率，平均收益为 42%，平均亏损为 21%，收益/风险比为 2:1，则 10 次交易的净利润率为 1.16%。

不是所有比例都一样

在 40%的平均成功率下，你的最佳收益/风险比为 20%/10%；在这个比值下，你 10 次交易的投资回报率（ROI）为 10.20%。此后，随着亏损与你的收益同比例增加，回报实际上是在下降。掌握了这些知识，你可以了解在给定的平均成功率下，哪一个比例会产生最好的预期回报。这说明了找到最佳比例的重要性，少一点，你会少赚钱；然而，多一点，你也会少赚钱。

如果你的收益从20%提高两倍多到42%，并且把止损控制在21%而不是10%，以维持 2∶1 的收益/风险比，实际上你是在亏钱。你仍然保持着相同的比例，怎么会失败？这就是亏损的危险性所在，它们在几何级数上对抗你。在50%的成功率下，如果你做对能赚取100%，做错则输掉50%，那么你也只能做到不亏不赚。如果回报为4%、亏损为2%，你会赚更多的钱。毫不奇怪，随着你的成功率下降，它变得更糟，在平均30%的成功率下，正确的回报率为100%，错误的则亏损50%，你会在10次交易中失去93.75%（见图3-1）。

10 次交易的投资回报率（ROI）

%回报	%亏损	收益/风险比	@30%平均成功率	@40%平均成功率	@50%成功回报率
4.00%	2.00%	2:1	-2.35%	3.63%	10.00%
6.00%	3.00%	2:1	-3.77%	5.16%	14.92%
8.00%	4.00%	2:1	-5.34%	6.49%	19.80%
12.00%	6.00%	2:1	-8.89%	8.55%	29.34%
14.00%	7.00%	2:1	-10.86%	9.27%	33.95%
16.00%	8.00%	2:1	-12.93%	9.79%	38.43%
20.00%	10.00%	2:1	-17.35%	10.20%	46.93%
24.00%	12.00%	2:1	-22.08%	9.80%	54.71%
30.00%	15.00%	2:1	-29.57%	7.71%	64.75%
36.00%	18.00%	2:1	-37.23%	4.00%	72.49%
42.00%	21.00%	2:1	-45.01%	-1.16%	77.66%
48.00%	24.00%	2:1	-52.52%	-7.55%	80.04%
54.00%	27.00%	2:1	-59.65%	-14.88%	79.56%
60.00%	30.00%	2:1	-66.27%	-22.90%	76.23%
70.00%	35.00%	2:1	-75.92%	-37.01%	64.75%
80.00%	40.00%	2:1	-83.67%	-51.02%	46.93%
90.00%	45.00%	2:1	-89.56%	-63.93%	24.62%
100.00%	50.00%	2:1	-93.75%	-75.00%	0.00%

图 3-1　在40%的平均成功率下，最佳收益/风险比是20%/10%；更高或更低都会让你少赚钱。50%的平均成功率下，最佳比值跳升到48%/24%

应用到现实生活中

如果你的股票交易能力不好，且平均成功率低于50%，你最不能做的就是增加你的股票下行容忍度。这不是一个意见，而是一个数学方面的事实。许多投资者给下行的头寸更大空间，结果造成了更大损失，他们的回报开始下滑，并在几次交易后被市场淘汰，之后他们只能眼睁睁地看着卖掉的股票转身回来开始上涨。此时他们想对自己说什么呢？“也许我应该给股票更多的空间波动，那样的话我还会留在里面。”但是，这与你应该做的正相反。

只有当一切正常的时候，我才会给我的股票头寸更多的波动空间，我能变得更加仁慈是因为好的市场环境会一次次地把我解救出来。相反，在困难的市场环境下，利润将小于正常水平，损失将更大，跳空缺口将更加普遍，你可能会遇到更大的下跌。处理这种情况的聪明方法是执行以下操作：

- 收紧止损线。如果你通常将止损设置在 7%～8%，则现在将其降低至 5%～6%。
- 更早的止盈。如果正常时候你的平均利润率为 15%～20%，则现在利润率为 10%～12%的时候就可以止盈离场。
- 如果你使用杠杆交易，则立即减少杠杆。
- 减少你相对于头寸大小及总体资本的风险暴露大小。
- 一旦看到你的成功率和回报/风险状况改善，就可以开始将你的参数逐渐恢复到正常水平。

“圣杯”

在股票市场上投机时，没有事情是确定的——这就是为什么称之为“投机”。因此，投机正是基于某些假设。当你购买股票时，你希望其他人能够很快意识到股票的价值并购买股票，创造需求并且将股价推高。

管理你的回报/风险比需要依靠假设：与所采取的风险水平相比，你期望的回报有多少？假设你是一个 50/50 的交易者，如果你以 10%的比例设置止损，并认为你的成功股票平均涨幅为 20%，但实际涨幅只有 8%，而不是你预期的 20%，你显然会随着时间的推移而亏本，因为你有一个负的预期。

期望值是你每笔交易获胜的百分比乘以你的平均收益，得到的结果再除以你的失败交易的百分比与你的平均损失的积。保持一个正的期望值，你就能是一个赢家。当我终于做出选择，智慧地使用风险/回报决定每一笔交易时，我的结果从平均水平变成了新星。下面的公式就是我知道的唯一圣杯：

[PWT（获胜交易的百分比）×AG（平均收益）]/[PLT（亏损交易的百分比）×AL（平均亏损）]=期望值

怎样设定你的期望值

正如我们前文所讨论的，你的风险需要根据你的预期利润确定，亏损是预期收益的函数。确定你的上行潜力可以通过两种方法完成。一种方法是使用理论基础假设（TBA，Theoretical Base Assumptions），假设你预计股票大幅上涨 50%，或者也许你的预期是温和增长 20%，这些数字听起来不错。但是，（A）移动实际上会实现并且（B）你将能够捕捉到它的假设是否现实。TBA 方法的问题是，现实中的证据不能表明你会实现这些期望值。你实际上是否一直具备这一水平的盈利能力？

你选择一只现在每股 30 美元的股票，相信它将上涨并突破前期 34.50 美元的高点，这将是超过 15%的涨幅。你希望潜在回报是风险的三倍，所以你将止损位设置为 28.50 美元，低于购买价的 5%。这种方法完全基于一个理论假设：根据你对股票的技术分析，星座的运行方式，或其他原因让你认为股票将达到一个特定水平。你可能会达到你的目标，但也有可能不会。无论你的假设有多好，理论上的结果都不一定是现实的，而且它没有把人的错误计算在内。此外，情绪可能会导致你颠覆自己的系统。

如果你单独使用 TBA，我几乎可以保证你的假设和结果之间会有很大的差距，面对现实比单纯的预测要好。

基于结果的假设

第二种方法是使用所谓的基于结果的假设（Result-Based Assumption，RBA），这意味着检查你实际交易的平均收益。比如说，在过去的一年里，你在获胜交易中的平均收益为 10%，且你有 50%的交易都能获胜。你能承受 10%的损失吗？不能，因为你没有利润了（根据你通常的盈利数值）。你需要将风险限制在较低的水平上，例如 5%；或者，如果你的平均收益只有 4%，你将需要削减损失，大概是 2%，这对短线交易者来说可能是可以的。使用 RBA，你所承担的风险与策略产生的实际结果直接相关；如果你要获得两倍或三倍于风险的收益，那么你需要根据自己结束的交易确定风险。

使用 RBA 确定你的风险需要纪律性。大多数交易者根据水晶球的假设来设定止损：他们想要什么发生。例如，假设你认为股票有可能达到 40%的回报。由于你是一个 2R 交易者——每一个单位的风险对应两个单位的收益——你告诉自己，可以把止损线设置在低于买入价 20%。错！你的实际结果显示平均 10%的收益。你的止损位置应该考虑这些结果，特别是在它们与你的理论假设有很大差异的时候。

随着时间的推移，当实际表现改善时，你可以相应地调整止损线。但是，如果结果恶化，你必须收紧风险。你可能可以做出很好的假设，并在一次或几次交易中表现良好，甚至事实可以按预期的方式发展。但是，你的表现将由你长时间的平均结果驱动。你的实际结果不仅包括你的策略，更重要的是，你的困惑、特质和情绪的影响往往会超过最好的布局计划。

无论你的策略是怎样的，无论你是持有一小时还是几个月的头寸，你都应该知道自己的投资成绩并用数字量化。根据现实情况，设定你对下一笔股票交易的期望值，把你的平均收益想象成身后的拖挂车，它一直跟在你后面，并与你保持一定的距离。

使用交错止损

你不一定需要对整个头寸都设定一个止损线。如果市场环境不尽如人意，你可以使用我称之为交错或括号的止损方法，在需要的水平上减轻损失，但还能维持一定比例的头寸。如果你想把风险控制在 5%，你可以设置 5%的止损线；如果止损线被触及，你就斩仓出局。或者，更保守的做法是在 3%的位置减仓 1/3，在 5%的位置减仓 1/3，在 8%的位置减仓 1/3。你的总亏损仍将在 5%左右，但这将给你机会，在亏损小于 5%的时候保持 2/3 以上的仓位，在亏损超过 5%但小于 8%的时候仍能保持 1/3 的仓位。

在牛市早期阶段，新兴的领头羊股价波动可能非常剧烈。如果你给一部分股票更多的空间，即使是一个小的仓位，也能因大的波动让你的结果大相径庭。使用交错止损的关键是尝试维持你的线路，同时不会把整个头寸都平仓离场。

当认为股票有机会获得巨大收益，且希望有最大的机会留在场内时，我喜欢使用交错的止损方法（见图 3-2）。当市场波动很大，我的止损线被触及时，我有时候会使用此方法，让我有机会维持 2/3 的仓位。

交错止损

范围
- 1/3 止损在 4%
- 1/3 止损在 6%
- 1/3 止损在 8%

总损失 6%

图 3-2　交错止损从建立一个风险级别开始，之后像括号一样围绕它设定其他止损线

在图 3-3 中，我愿意亏损的交易额为 6%，但我决定更稳妥一些，把我的止损围绕这个数字展开。在亏损达到 4%的时候，我减少一半的仓位，剩下的一半将在亏损达到 8%的时候卖出，这允许股票能用半仓继续波动一段时间。这样，我的交易总损失仍然是 6%。你也可以把自己的止损线分成三段，或者分成任何你想要的段数。

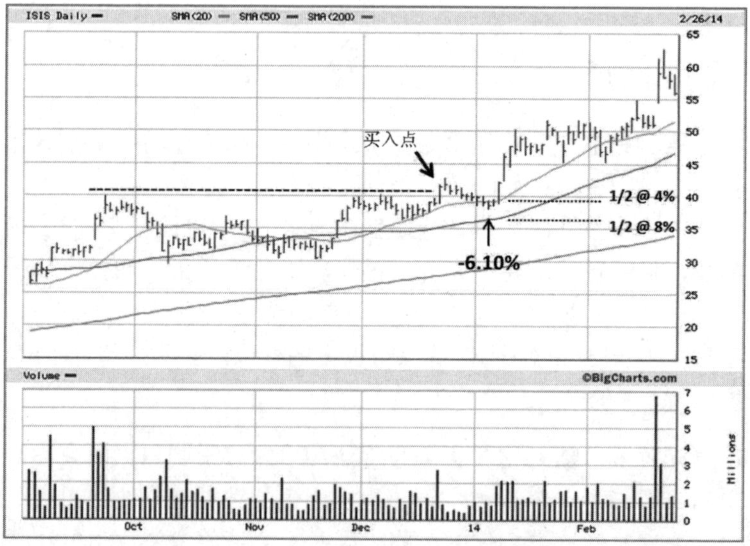

图 3-3　2014 年，Isis Pharmaceuticals（ISIS）股价在 2 个月里内上涨了 54%。股价回撤了 6.10%，如果你使用 6%作为止损点，这时就清仓了。通过交错止损，下跌 4%时卖掉一半，下跌 8%时卖掉另一半，这样你仍然保持 6%的风险，但仍有一半的仓位

应该在何时提高止损线

我有一些通用的方法，告诉我什么时候可以将我的止损线提高到初始位置以上。任何上升到我的止损比例的数倍，高于我的平均收益的股票，绝不允许进入亏损列表。当我自己的股票价格上涨了风险的三倍，且收益高于我的平均水平时，我总是把我的止损点上升到至少是盈亏平衡的水平上。

假设我以每股 50 美元的价格买入股票，并愿意在交易中冒险 5%（47.50 美元止损，风险为 2.50 美元），如果股票上涨至 57.50 美元（7.50 美元利润= 3×2.50 美元），我会将止损线至少提高到 50 美元。如果股票继续上涨，我开始寻找机会，在上涨的时候出售，并锁定所有利润或至少一部分利润。如果我在盈亏平衡点被止损，我仍然保住了我的本金。虽然没有收获，但也没有损失。*在曾经获利的交易中，你可能会因为最终仅仅打平感到沮丧，然而，如果你将一个可观的收益变成亏损，你会感觉更糟。*股价经历自然波动后创了新高，我也倾向于提高止损线。

当你的股票相对于风险上涨了两倍或三倍时，特别是如果收益高于你的历史平均收益时（见图 3-4），你就可以移动你的止损线。这样将有助于防范亏损，保护你的本金和信心。

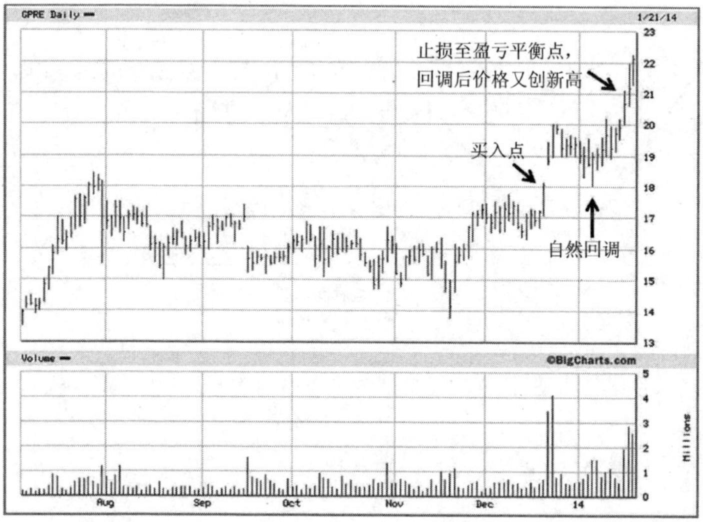

图 3-4　2014 年，Green Plains（GPRE）股票在 8 个月里上涨了 150%。股票突破然后经历了自然回调。之后价格又创新高，修复了自然反应并获得了良好的利润。这是一个提高你的止损线的很好时机

加仓的同时不增加风险

我喜欢在一个获胜的股票头寸上尝试尽可能多的东西，因此，我会富有创造力地加仓。我的目标一如既往是尽可能降低风险并最大化我的潜在收益。以下是我使用的交易管理技术，我称之为加减仓（Add and Reduce）。

在图 3-5 所示的例子中，我购买了 1 000 股股票，价格为每股 16.50 美元，止损价为每股 15.50 美元，也就是下跌 1 美元。这意味着我拥有 1 000 股，对应风险为 1 000 美元。股票随后上涨并出现了新的买入点。然后我再增加 1 000 股股票，此时的买入价为每股 17.50 美元，然后对 2 000 股股票设置 1 美元的止损，止损价为每股 16.50 美元。这样，我将我的头寸翻了一番，同时保持相同的 1 000 美元风险。我正在做的是用我的利润承担额外增加的风险。如果我的第二次买入点是 18.50 美元，同样的 1 美元止损，我会把我的仓位加倍，依旧不承担本金的风险。这就是我控制下行风险并通过缩放仓位创造大的回报的方式。

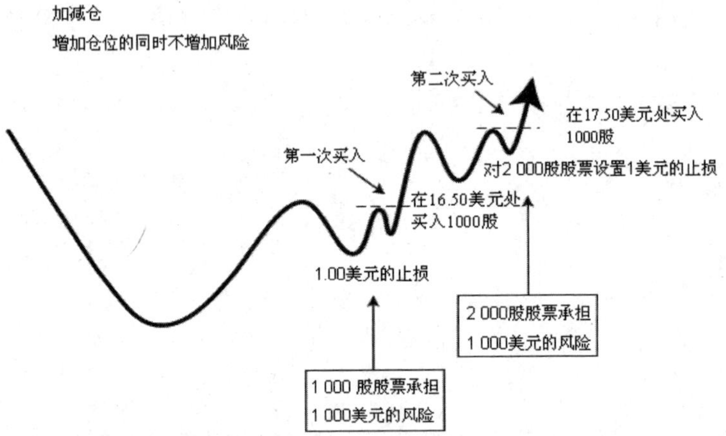

图 3-5　金字塔技术使用未实现利润来帮助扩大交易额，同时保持本金风险不变

永远注意概率球

职业棒球运动员谈论的都是概率球。在第三局比赛中，比分为 1-0，第一名是一名男子，概率球决定下一场击球手将会出击。他可能会在第一垒被抛出，但他会把另一个跑步者推到第二垒，让他能够得分。在这里，专业的做法就是“谨慎

行事”，只能尝试追平比分。在更绝望的情况下，概率球可能要求打中后奔跑、本垒打或其他一些更难的机会。

精确计算风险是维持一贯优异绩效的主要成分。专家使用概率球，这就是为什么从长远来看他们比业余爱好者更加一致，因此可以说业余和专业人员之间的区别在于一致性。依靠正的数学期望获胜（你的“边缘”）的概率将带你成功。随着时间的推移，越过你的边缘越多，你将获得的利润越多，概率越有可能正确分布，也更能代表真实概率。

专业人士明白股票交易不是绝对的或确定的，他们根据概率做出决定。他们选择的行动方案，是能在当前时点提供最高成功概率的方案。作为股票交易者，你不应该希望对所有事物做出完美的回答，与大多数事情一样，完美的回答并不存在。你只能接受或拒绝概率球的智慧。

等待优势到来

想象一下，你在德州扑克的比赛中被发了一对 A。如果你在翻牌前全押，那么你有 80%的机会获胜。现在假设你遵循这个策略，但是你没有赢，因为另一个玩家在河牌上凑齐了更大的牌。这是否意味着下一次你又有一对 A 时会说，“哦，我永远不会再为它们下注了”？当然，你会继续为这对 A 下注，因为这是扑克牌中最大的两张牌，这是一个优势。这并不意味着你每一次都能赢，但是根据数学概率，你知道 10 次中有 8 次会赢。

你在扑克和股票市场的结论都是随着时间的推移而发生的事情，不是侥幸或异常值。你的目标是让交易抓住最佳的成功机会并尽可能降低风险。如果你应用健全的规则，你的准备和准则将增加你成功的概率。如果没能成功，那么请记住：比起不当的胜利，正确的失败更有用。正确的失败能让你获得财富，因为你只是一个短期的输家。但是基于你的纪律和数学优势，随着时间的推移你将是一个赢家，你的胜利将成倍出现。另外，不当的胜利只会加剧不良习惯的养成并导致最终失败，甚至可能导致你破产。

简而言之，也就是赌博与投资之间的区别。赌博时，赔率是不利于你的，长时间看你一定会失败。但是投资时，如果你遵循正确的规则，你将随着时间的推移而获得成功，因为你具有正的数学边际或期望。但你绝对不能冒超过你可以合理预期收益的险，否则就相当于你正在增加赔率，那就与赌博无异了。

为什么大多数投资者无法限制风险

投资者往往在情绪上依附于他们的股票。当他们的股票下跌时，对交易者的自负形成打击，这反过来导致他们找借口解释为什么不应该出售。大多数投资者未能卖出并减少亏损的原因是他们担心卖出股票后可能会回升，从而连续出错。这是后悔的原因，源于纯粹的自负！具有讽刺意味的是，同样的恐惧会令投资者在有利润的同时感受到压力而过快地出售。为什么？因为他们担心股票可能会下跌，如果不卖出，可能会抹平他们的收益。

要想成功交易，你必须把自负放在一边，你必须消除情绪，希望、恐惧和自豪在交易计划中没有任何地位。你根本不能让自己的想法影响正确的判断，因为那是一个虚假的真相。你不会一直都正确，你一定会有亏损的时候。事实上，你有大概 50%的时间是正确的就不错了。当你犯错之时，处理错误的方式能够决定你最终是否能成功。

股票交易和生活中一样，如何处理失败决定了你是平庸还是伟大。记住，损失是预期收益的函数，关键在于让你的亏损小于你的收益，总是考虑风险与回报，并根据现实交易结果考虑风险。如果你能够理解你的收益将会如何，你可以期待它们发生的频率，止损就只是一个数学方程式。但关键是要记住：不要让风险超过你的期望收益。

第 4 章

了解你的交易的真相

一名检测新药对癌症影响的医学研究工作人员高兴地发现，看起来有很高比例的病例能被药物治愈。他的成功迅速蔓延，并被邀请到医疗会议上发表演讲。在他的演讲中，他描述了药物、技术，最后展示了他的结果。他报告如下："1/3 的鸡被完美地治愈。另外 1/3 似乎没有效果……剩下的鸡跑走了。"

——伯顿 · P · 法布里坎德（Burton P. Fabricand）

获胜的科学

很多年前，我成为一名卡槽赛车爱好者。对于那些不熟悉的人来说，卡槽赛车是一种电动的微型汽车，在八车道的轨道上进行比赛。这是一种玩具，但也是一种很严谨的玩具，甚至还有卡槽赛车的比赛，比拼最快速的车和最熟练的“司机”。在周末的比赛上，我认识了一个名叫洛基（Rocky）的人，他在小赛车圈也是当地的传奇人物，他甚至赢得过全国冠军。很快，他和我就成了亲密的朋友。

几年之后，在我刚刚赢得当地一场比赛后的晚餐桌上，洛基告诉我他第一次在卡槽汽车比赛中看到我时的印象。他说：“当我看到你用秒表和笔记本记录时，我就知道了你的态度有多认真。看到这些，我就知道你是来赢得比赛的。”

当我有一次经过一个室外乐园时，我偶然发现了卡槽赛车。我透过轨道旁边的窗户想：“哇呜，这看起来很有趣啊！”所以，我进去租了一辆玩具车，马上就着迷了。在那天之前，我从未见到过一辆卡槽玩具车，所以我不得不通过试错来学习。我马上买了一堆设备，开始玩起卡槽赛车来。我不断注意着轨道边上的时钟，它测着我每跑一圈所花的时间。我想知道有什么能使我的赛车跑得更快。所以，我会跑 20 圈，更换轮胎，然后再跑 20 圈，比较轮胎的影响。之后我会尝试一个不同的电动机或车身，再跑 20 圈。每一圈我都把结果仔细地记录在笔记本中。我进行了各种调整，并把时间写下来，以记录各种调整的效果。

卡槽赛车对我来说只是一个爱好，但是我对待它同我对待其他一切事物一样——我记录了结果，对正确和不正确的一切都同样关注。如果不记录结果，我怎么能识别自己的错误，并且知道在哪里、怎么样进行改进呢？我怎么能知道什么有用、什么没有用呢？

无论是改良玩具车还是进行股票交易，衡量、量化的能力对于那些有纪律的人来说都是一个非常宝贵的工具。通过跟踪你的结果，你将洞察自己和自己的交易，没有任何书、研讨会、指标或系统可以告诉你这些。你的结果是你所做出的一切的指纹，从你辨别交易的标准到你的能力，再到执行的一致性，你的结果是关于你个人的真相。

在商业中有这样的说法：“量化后才能管理。”然而在股票交易中，很多时候事情都没有被量化。很多人不知道如何衡量他们的结果，或者他们认为没有必要。而更多人只是不明白如何使用这些信息并用实用的方式应用它们来改善自己的股票交易。那么，就让我来告诉你该怎么使用吧。

先把头从沙子中拔出来

在交易大师研讨会上，我总是要求大家告诉我有多少人知道他们的平均收益、平均损失和获胜交易的百分比。在过去的几年里，每一次研讨会上举手的人都不多。绝大多数人证实了令人伤心的真相：很少有交易者清楚自己的交易真相！

想一想：如果你不知道自己的交易结果，你怎么能聪明地设定期望值？就像飞机如果没有仪表盘，怎么知道高度？如果你不知道自己所获得的收益，如何知道自己应该承担多大的风险？这就像是蒙着眼睛掷飞镖！

很少有人能脱离直觉、谣言、提示或新闻故事买卖股票。更鲜少有人能有一个规矩的方法衡量他们交易结果的关键要素，而这些要素对于达成合理的假设和实现一致的交易成功至关重要。事实是，衡量结果并不很受欢迎，因为大多数人不喜欢看他们坏的交易结果；他们只是选择忘记，就好像他们只要很少的努力和学习就能神奇地改善交易一样。这是懒惰并且大错特错的做法。在股票市场取得成功的第一步就是把你的头从沙子中拔出来，并从事后分析结果开始。有关你的股票交易的最有价值的信息就是你自己的股票交易！

让自己保持诚实

这是关于股市的一个事实：你认为应该发生的很少能完美实现。那些有色眼镜可能会扭曲你对自己的交易结果的看法。也就是说，你必须对事物有洞察力，并保持诚实。

无论你是刚刚进入市场还是已经投资有一段时间了，你都一定要保留一份投资结果的电子表格——记录下每笔交易（而不仅仅是记录你想要记住的那些交易）。记录你每笔交易买入及卖出的信息，很快你就有了平均亏损和平均收益的记录，以及收益和亏损的频率。我也跟踪我每个月的最大收益和最大亏损，以及我所有损益对应的平均持有时间。

当收集此数据并计算结果时，不要把策略混在一起。如果你是几个月的短线交易者，然后转为波段交易策略或长线投资策略，则不应把这些结果全部放在一起计算平均值。应该根据不同策略进行记录。这样，你可以控制每笔交易的风险/回报比例，而不是让你的亏损大于百分之“X”，因为你只获得百分之“Y”的收益，频率为百分之“Z”。

这正如保险公司所要做的，采用精算方法，通过某些人口统计学和其他因素（如年龄、生活方式和健康状况）来分组预测人们的预期寿命。在分析了组之间的所有特征后，保险公司就能知道这组人的平均寿命，比如 77 岁。基于某人的当前年龄，保险公司可以预计在可能支付死亡抚恤金之前还有多少年，然后就可以根据预计的时间确定收取的保费，以支付死亡抚恤金并赚取利润。

当然，保险公司绝对不能肯定那个组里面每一个人都会死于 77 岁，正如你不知道任何一个赢家的确切收益一样。然而，保险公司已经掌握了基于大部分数据计算的精算预测科学。

以同样的方式使用实际数据考虑你的股票交易。某些事件将会凸显出来：比如一笔股价因为并购而暴涨 60%的交易。但是，根据表现最好的那笔交易确定的风险并不能提供任何保护。*你的平均收益才是你确定风险的基础；你应该知道这个数字。这是确定每笔交易应该承担多大风险的最佳方式。*正如保险公司调整保费来对应预期寿命一样，你可以调整止损线以对应自己收益的预期寿命（它们平均到期的时间）。如果你的平均收益为 15%，而你希望保持 2:1 的回报/风险比例，那么你的止损线不应超过 7.5%。

记录笔记

我要求所有为我工作的人在会议上都应该持有纸和笔，每个人都必须准确地记录笔记并保存日志。*任何认为自己能够记住一天的见闻（哪怕只是其中一小部分）的人都是妄想家。你必须把见闻写下来才行！*当你在听某人说话的时候，必须记录下来（如果允许的话）或者记很多笔记。股票交易也一样，你应该保留每日日志，并保证定期更新。我习惯随身带着一支笔、一个本子和一个数字录音机。如果有人真的想成为赢家，这是立即做出决定的最可靠的途径之一。

几年前，我遇到一个尝试进行股票投资的年轻人。当我们一起出去吃饭的时候，他开始问我关于股票的问题。当我开始回答他的问题时，他打断了我。“稍等一下，”他说，然后拿出一个小本子和一支钢笔，“好的，请继续”。当我继续说话的时候，这位小伙子写下了我所说的每一个字。这让我想到自己。这个孩子将来一定是一个赢家，他没有忽视任何一部分信息。

胜利者不会把事情当成是理所应当的。他们意识到，每一次好的或坏的经历都是宝贵的，应该研究和改进。他们意识到只将事情用脑子记录下来的局限性。他们时刻准备着，保留一份可以让他们随时翻看、反思的笔记，并将期望与现实相比较。

让表格融入你的交易中

你的电子表格不应该仅仅是过去表现的记录，想起来时瞥上一两眼，而应该是你处理下一笔交易的准确指引。当你看到上面的数字时，你会衡量每一笔交易对自己记录的影响。你的统计数字将会直接进入你的股票交易并指导着你。例如，一只股票的表现不如你所愿，损失从 5%扩大到 8%，然后是 10%。突然之间，你的头脑里形成一个想法：你应该把这次亏损记录在你的表格上，并且在每次回顾的时候都能看到它（以及它对你的平均值的影响）。大的平均亏损不仅会损害你的表现，而且将来会需要更大的收益来弥补它。在大的平均亏损发生之前，请牢记你的表格，在亏损达到最大限度之前砍仓。*每次要做出交易决定时，我都会问自己“我的表格上是怎么写的？”*。

另外，假设你有所收获，股票快速上涨，涨幅达 15%，然后持续走高，涨幅达 20%、25%、30%，你的获利是你的历史平均水平的 10 倍。贪婪开始出现，你想知道：“这个涨势可以走多远？”。这正是你需要让表格进入你的交易的时候，并且要注意到你自己计算的现实。记录 30%的收益将为你的平均收益锦上添花。但在此之前，你不会想让自己的利润回到 10%，甚至更低。

投资三角

在我新发展的爱好摄影中，有三个变量，即 ISO（“感光度”或对光的敏感度）、光圈大小（照相机控制进光亮大小）以及快门速度（快门“咔哒”的快慢），这个“三角形”上面的因素决定了曝光的大小。这三个动态（三角形的边）将影响图片是否曝光不足或曝光过度。你需要调整它们，以便获得最佳的视觉效果。

在股票交易中，我们可以以同样的方式思考一个三角形，代替 ISO、光圈大小和快门速度的是交易三角形的三条边（见图 4-1）。

- 你的平均获胜规模：在你所有盈利的交易中，你能赢得多少（以百分比形式展示）？
- 你的平均亏损规模：在你所有失败的交易中，你亏损多少（以百分比形式展示）？
- 你的盈利与失败的比例：获胜交易的百分比数，即所谓的“平均成功率”。

你需要从实际的交易结果开始，以便在任何给定的股票交易中保持优势。交易三角形的每一条边将显示你需要关注的焦点，以保持这一优势。例如，如果你的击球成功率是 50%（一半胜一半亏），你的平均亏损是 6%，这看上去不错。但是，如果你发现平均收益只有 5%，要想获利，要么你需要在正确的交易上获利更多，要么提高成功率，要么收紧你的止损线，让每笔失败的投资亏损更少。

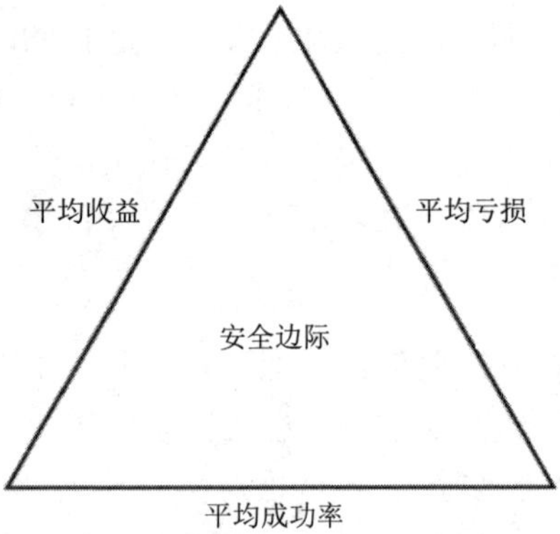

图 4-1　通过平衡交易三角形来获得积极的数学期望或优势，你可以用它改进和优化你的结果

月度跟踪

我会不断追踪一些关键的统计数据。我自己开发了软件，它在我输入我的股票交易信息之后可以自动计算这些数字，我们的 Minervini Private Access 成员也可以使用。我的平均收益非常重要并需要定期监控，因为我的风险在很大程度上来自这个数字。我也会跟踪我的平均成功率（有盈利的交易所占的百分比）（见图 4-2）。如果这些数字开始恶化，我会相应地调整止损点。在恶劣的交易环境中，

你的收益将比正常市场的收益更低，发生的次数也更少。当这种情况出现时，请记住两个字——调整！要总是将收益与风险一同考虑。你必须把风险作为潜在收益的函数进行调整。

一些更重要的需要跟踪的数据

下一个重要的数字是任何一个月内最大的亏损和收益以及亏损或收益持续的时间长度，我称之为“固执的交易者”指标。不要过多地关注任何一个月，但是当你看到 6~12 个月的平均水平时，盈亏计算后的净额应该是正的。例如，如果平均来看你的最大涨幅小于你的最大亏损，这意味着你固执地承受损失，只是赚取小的利润，而这与你应该做的完全相反。如果你盈利的平均持有时间少于亏损的平均持有时间，这表明你持有亏损时间太长，并且卖掉盈利股票的速度太快。这是有价值的信息，但很少有交易者会跟踪这些数字。

月度交易记录

	平均收益	平均亏损	成功百分比	总交	最大收益	最大亏损	上涨日平均收益	下跌日平均亏损
1月	7.78%	3.65%	20.00%	5	7.78%	5.53%	7	10
2月	17.51%	5.35%	62.50%	8	21.34%	8.15%	24	9
3月	17.20%	4.91%	55.56%	9	29.87%	7.22%	31	11
4月	9.98%	5.48%	40.00%	10	10.02%	8.23%	13	17
5月	18.65%	5.50%	54.55%	11	24.79%	13.09%	40	19
6月	8.32%	4.06%	50.00%	6	12.14%	7.29%	29	11
7月	16.67%	6.33%	57.14%	14	30.04%	8.04%	44	13
8月	8.43%	4.26%	33.33%	6	8.77%	7.50%	12	7
9月	19.61%	6.09%	44.44%	9	26.01%	8.78%	36	12
10月	-	5.19%	0.00%	4	-	7.47%	-	9
11月	11.19%	8.00%	50.00%	6	13.43%	11.02%	31	8
12月	14.21%	6.33%	42.86%	7	18.53%	8.07%	19	8
平均值				95	18.43%	8.37%	26	11

交易总结	
成功百分比	46.32%
平均收益	13.35%
平均亏损	5.85%
收益/风险比	2.28
调整后的收益/风险比	2.08

图 4-2　使用月度追踪系统让我可以逐月记录自己的交易结果，这能帮我保持洞察力并帮我每日检查我的投资方法

跟踪这些数据，将使你保持坦诚，并且能够真实地了解你的交易中发生的情况，这是冠军交易者的纪律。他们不会把头放在沙子里，他们想知道真相，这样才可以改善自己的弱点、优化流程。通过扩展情感距离，他们将自己与自己的结果分开，从而深入地了解自己的交易，而不是为交易找借口。监控你的结果并及时计算；俗话说：真理会让你自由。

你应该跟踪的统计数据包括：

- 平均收益。
- 平均亏损。
- 收益/亏损比例。
- 平均正确率（获胜交易所占的百分比）。
- 调整后的收益/亏损比例（按平均正确率调整）。
- 最大收益。
- 最大亏损。
- 收益的持有天数。
- 亏损的持有天数。

你自己的钟形曲线

随着时间的推移，这一切都是呈“曲线”分布的：你的收益和亏损的分布曲线将决定你的表现。交易结果将呈钟形曲线分布，你希望自己的钟形曲线偏向右侧。为了维持一个有盈利的钟形曲线，你的止损应该基于你在获胜交易中平均获得的回报，以及这些胜利发生的频率。正如前文所述，建议你不断跟踪自己的平均成功率、平均收益和平均亏损。这样做可以让你快速确定最近的交易是否偏离了你自己的历史情况，并确定你的亏损与收益是否保持一致，这将为你调整风险提供必要的依据。

这些信息在帮助你保持一致的、有盈利的长线交易方面至关重要。你的交易结果中的数据越多，其重要性就越大，并且你的结果越有可能贴近预想的状况。

密切跟踪自己的投资结果，可以让你持续把握自己的股票交易脉搏。

如果我想把亏损控制在 10%或更少，那就意味着我的钟形曲线上的-10%左边就不应该有数据点出现。在右边，我想看到尽可能多的数据点。我想要实现的是一条曲线“偏斜”到右边，如图 4-3 所示。这意味着我的亏损（在曲线的左侧）得到控制，而我的利润（在曲线的右侧）得以奔跑。我经常关注自己的交易的钟形曲线，看看自己是否保有优势。

我把钟形曲线-10%这个点称之为“墙”，有些人称之为 Uncle Point，这是我能承担损失的最大值。这是所有亏损的最大值，而不是平均亏损的最大值。我的目标是永远不要让亏损超过“墙”。随着时间的流逝，将会有一些交易穿透你自己的墙。有时候，由于快速崩盘，股票价格可能会快速下滑，你将会蒙受超过墙的损失。但你应该在曲线右侧而不是左侧有更多的数据。

正如人们常说的，知识就是力量。了解自己交易的知识将赋予你力量，加强你的情绪控制能力，使你成为一个更好的交易者。它会让你思考自己的收益和亏损彼此是如何分布的。于是，你将做出更好的交易决策，因为你心里清晰地知道亏损对你的曲线分布造成的影响，以及对总体收益的冲击。可以把你的分配曲线看成是一场拔河比赛，你想要“右侧”赢得比赛。

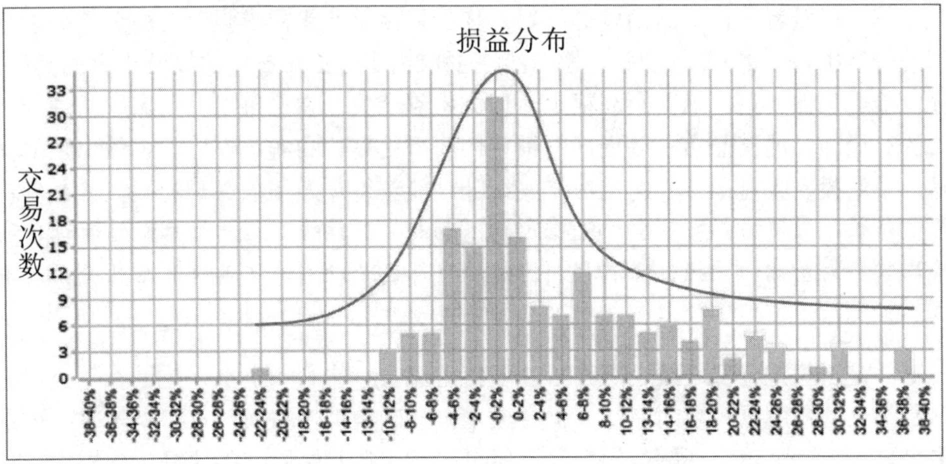

图 4-3　完美的分布是在右边出现尽可能多的“极端点”，而左边不出现，从而得到一个“右偏”的分布曲线

换手和机会成本

在股市中，时间就是金钱。我希望你能早点知道，你不应该低估随着时间的推移而增加的“小”收益的力量。高换手率的小收益可以明显高于低换手率的大收益，在一个给定的时间框架内这一切都是可以实现的事情。假设你觉得很有信心可以在 120 天的时间里，找到一只上涨 40%的股票。问题是，如果你能发现 3 只上涨 20%的股票，或是 6 只上涨了 10%的股票呢？很明显，找到上涨 10%的股票比找到上涨 40%的更容易。真正的问题是：此处股票数量的提高在数学上有意义吗？从复合增长角度看，6 次 10%的上涨对应的总上涨幅度几乎是 40%的两倍，3 次 20%的复合增长的总幅度与 6 次 10%的上涨幅度几乎同样大。

换手率直接与平均损益和平均正确率相关。如果你的投资组合转换非常快，你可以用更低的收益和更低的成功率达到同样的投资回报率。你可以让你的“边缘优势”更频繁地出现，这与零售的时候压低销售价格或降低利润、使用更高的存货周转率战胜高价商品的概念一样。如果零售商可以通过更高的销售量弥补利润差异，那么价格较低的商品可能产生比价格较高的商品更多的利润。短线交易者的单笔收益非常小，平均每笔交易的收益都微不足道，但他们每年进行数千次交易，积少成多，足以产生不错的整体收益。

作为投资者，你的商品就是股票。你的目标是购买需求强劲的股票，并以更高的价格出售。你所赚取的收益率多少主要取决于你正在投资的投资组合的类型。你可能会像沃尔玛，运营利润很小，但销售额庞大。你也可以像一家提供独一无二的时尚商品的精品店，以更低的销售额获得更高的利润。你可能会做出多笔交易，单笔投资收益很低，但是在年底统计时能获得令人印象深刻的回报。或者你可能是长线投资者，选择会产生稳定回报的商品。最终，这一切都归结于让你的平均收益大于你的亏损，赚取利润，然后重复这个过程。这是所有企业努力的基本目标。

你是否想将全部收益一网打尽，即使是那些小的利润也不想放过？每个策略都是不同的，所以重要的是计算机会成本，并确定最佳时间节点和周转率应该是多少。而且，关键是理解你的数字。所以，从现在开始做一些计算，分析你的结果并优化你的工作吧。

用双赢的方案保护你的心灵

正如我已经指出的那样，交易者的心态主要在犹豫不决和遗憾后悔两种情绪之间波动。而他们的情绪状态也在贪婪和恐惧之间摇摆不定，更多的是恐惧。正如前文所述，害怕错过机会，这会导致投资者追逐已经有很大涨幅的股票。他们试图将交易中的每一分利润都收入囊中，所以他们害怕卖得太早，担心他们以 20 美元卖出的股票将成为下一个 Google。或者他们害怕以 45 美元买入的股票下跌至 40 美元，然后再降至 35 美元，导致错过了 40 美元的卖出机会，所以他们坚持持有，希望股票能够收回一些失地。继续讨论这个问题，大多数交易者卖得太早，收益很低，因为他们担心股票会下跌从而吐出收益，但是他们又会持有亏损的股票，担心卖出后股价反转上涨。

打击焦虑和恐惧的唯一解药就是规则和现实目标。坚守规则，你的决定就不会以情感为基础，而是会以现实为基础。记住，交易并不是以绝对低位买入、并以最高价格卖出，而是以高于买入的价格卖出，赚取的利润大于自己的亏损，并一遍遍重复。当你完全掌握这个交易的基础方面时，你就能消除巨大的心理障碍，距离成功更进一步。

我被问到的最常见的问题之一是什么时候获利了结，特别是如果股票有了可观的盈利时。你应该把卖出的具体价格目标设置在哪里，应该基于你特定策略相关的技术规则（第 9 章将着重讲述卖出方面的内容）。不过，总体规则适用于所有策略——保护你的心灵，不要让自己被后悔或犹豫不决所打败。

使用“卖半”规则。

假设你持有的股票涨了 20%——是你平均涨幅 10%的两倍，并且是你的 7%止损线的三倍。你有一个很好的盈利，但不知道是否应该卖出。你喜欢这家公司，认为它可能会走得更高。但是，它刚刚开始回撤（假设在之前上涨了 25%）。在做心理斗争，思考如何处理时，你犹豫不决。此时有一个很简单的解决方案，就是将你的仓位砍掉一半。

在这个例子中，如果你在 20%的收益下将一半的仓位卖出，这与你之前平均为 10%的涨幅相比不相上下。你有一半的交易已经锁定了 20%的利润，即使你剩下的一半仓位只是盈亏平衡，你仍然获利 10%（与你的平均收益一致），仍然会在比赛中保持领先。事实上，甚至即使在剩下的仓位上遭受 10%的损失，你仍然能保持整体投资毫无亏损。

卖出一半后，你可以用剩下的仓位看看股票到底会怎么走。无论结果如何，从心理角度看你都是获胜的，不会有任何遗憾。当你卖出一半时，如果股价走高，你会对自己说“幸亏我还持有一半”，如果股价走低，你会对自己说“幸亏我已经卖了一半”。从心理上来说，这是一个双赢的办法。

只有卖出一半，才有可能中和掉你的遗憾。如果你卖出 75%的股份，保持 25%的仓位，且股票走高，那么你会遗憾地说“哦，我应该持有更多的”。相反，如果你卖出不到一半，股票走低，你会踢着自己说“哦，我应该多卖点的”。卖出一半，你能很好地将两种心理平衡，在涨跌两个方向上保护自己的心灵。

有一点需要注意，当你开始亏损的时候，仓位减半的方法不会奏效。当你的止损线被触及的时候，应该马上卖出清仓！你不应该卖掉一半，赌剩下的仓位能够反转向上回升。当仓位移动到你的止损线时，没有商量的空间——只有执行纪律，坚定地行动。

基于结果的假设预测

结果能告诉你很多东西：你应该在哪里削减损失，你的仓位是否太高或太低，你做得比以往是好是坏，以及你偏离了自己的目标多远。当然，要想得到这些深入的见解，你还必须跟踪你的统计信息。

我会定期计算和跟踪我的结果，我不仅知道我的平均收益是“X”，我的平均亏损是“Y”，我也会看自己的实际收益。然后根据我看到的，我可以预测未来可以预期的数字。如果这些结果符合我的目标，那么我的方法就是正确的。如果实际结果没能出现在我想要的地方，那么我可以看到需要做些什么调整。使用实际结果，你可以用数字测试，并确定什么是现实的、什么是不现实的。

例如，假设你有一个 20 万美元的投资组合，你的仓位大小是 25%（见图 4-4）。你想要的回报率是 40%。平均收益是 14%，平均亏损是 7%，平均正确率是 46%。现在根据这些结果，要达到这个 40%的目标，你需要做大约 60 笔交易。

现在你需要问自己，在你的交易风格下，需要多长时间才能找到 60 次交易机会？根据你自己的操作历史，你每年可能会找到 80 次或 90 次交易机会，或许更多。如果是这样，你就有机会实现超过 40%的回报率，甚至可能翻一番或三倍。

输入值

投资组合规模	$200,000
头寸大小	25%
期望收益	40%
平均收益	14%
平均亏损	7%
平均成功率	46%

结果

成功投资的平均收益	$7,000
成功投资的数量	28
失败投资的平均亏损	$3,500
失败投资的数量	33
收益/风险比	2:1
头寸大小	$50,000
预期每笔投资净收益率	2,66
预期每笔投资净收益金额	$1,300
目标金额	$80,000
所需投资数量	60
调整后的收益/风险比	1.7:1
最佳值	19.00%

图 4-4　使用基于结果的假设预测（RBAF），你可以准确地确定实现目标所需的数字，并确定各种调整将如何影响结果

或者，也许你认为应该改变仓位的大小。如果将仓位提高到 50%，你只需要做 30 笔交易就够了。如果将其降低到 12.5%，你将需要做 120 次交易才能实现相同的回报。基于你自己的操作结果，你可以根据自己所期望的业绩确定所需要的仓位大小和交易次数。

如果你是短线交易者，那么你将有更多的交易机会。但是，你的损益可能会比波段交易者或长线投资者小得多。你可能会频繁出现 1 个点或 2 个点的收益或 0.5 个点的亏损。但是，你会重复这样做。如果你是长线交易者，那么你的机会将会减少，但平均收益率将会更大。关键是要找出最大限度地提高结果的最佳方式。

显然，要开发基于结果的假设预测（RBAF），你需要一些数据，越多越好。刚开始时，你不会有很多分析结果。所以，越早开始你就能越快地拥有宝贵的数据。

研究结果最重要的目的是为了获得洞察自己的能力。正如人们对身体疼痛的不同阈值一样，在忍受亏损或控制贪欲时，情绪阈值也是如此。这些情绪上的触

发点是主导你的交易策略的最重要的事情。除非你的交易室内有黑匣子，你每天需要做的只是在一天结束时打印出损益表，否则你的情绪会影响自己的决定，情绪会贯穿于自己所做的一切事情。

因此，你的投资结果是所有的一切相互作用的产物：你的策略、你的执行、你的投入程度和你的情绪。你在电子表格中看到的数字由你进行交易的所有内容（包括你的情绪）共同作用产生。

因此，重要的是最终的数字，也就是你的投资结果。如果你的策略有能力让自己获得 100%的收益，而你的盈利只有 10%，也没关系，唯一重要的是你的投资结果的底线。根据你迄今为止所做的工作，你可以使用 RBAF 来确定你有潜力去哪里以及如何到达那里。

是否使用复利

有人说如果你拷问数字足够久，数字就会告诉你你想要听到的信息。在你让自己辛苦赚来的资本开始冒险之前，建议不仅要拷问数字，而且要充分理解它们。在处理风险时，有一些有趣的事情需要理解，比如是否使用复利。我们用下面这个例子说明了解交易背后的数学是多么重要，因为这是非常强大的东西。如果你不信，请考虑以下情景。

有两个交易员，拉里（Larry）和斯图尔特（Stuart），他们都以 10 万美元开始，而且他们按照完全相同的系统进行 24 次交易，在同一时间、以完全相同的价格买卖。24 笔交易中的 12 笔产生了 50%的收益，其他 12 笔交易每笔产生 40%的亏损。投资结果在 50%的收益和 40%的亏损之间交替出现，直到 24 笔交易完成。现在的结果是：拉里赚取了 120%的利润，使自己的账户高达 22 万美元；斯图尔特则亏损了 71.75%，即 71 750 美元，使自己的账户只剩下 28 250 美元。这怎么可能？

拉里决定不再对自己的收益进行投资。他只是在每笔交易（基于 100 000 美元的资本）中买卖固定金额，而不会对利润再投资。而斯图亚特则把利润也进行投资，从而使他的回报有了复利效应。哪个策略更好，复利投资还是固定金额投资？结果可能会让你感到惊讶（见图 4-5）。

		无复利				复利	
投资编号		损益金额	累计本金	回报率	损益金额	累计本金	回报率
			$ 100,000			$ 100,000	
1	50%	$ 50,000	$ 150,000	50%	$ 50,000	$ 150,000	50.00%
2	-40%	$ (40,000)	$ 110,000	10%	$ (60,000)	$ 90,000	-10.00%
3	50%	$ 50,000	$ 160,000	60%	$ 45,000	$ 135,000	35.00%
4	-40%	$ (40,000)	$ 120,000	20%	$ (54,000)	$ 81,000	-19.00%
5	50%	$ 50,000	$ 170,000	70%	$ 40,500	$ 121,500	21.50%
6	-40%	$ (40,000)	$ 130,000	30%	$ (48,600)	$ 72,900	-27.10%
7	50%	$ 50,000	$ 180,000	80%	$ 36,450	$ 109,350	9.35%
8	-40%	$ (40,000)	$ 140,000	40%	$ (43,740)	$ 65,610	-34.39%
9	50%	$ 50,000	$ 190,000	90%	$ 32,805	$ 98,415	-1.59%
10	-40%	$ (40,000)	$ 150,000	50%	$ (39,366)	$ 59,049	-40.95%
11	50%	$ 50,000	$ 200,000	100%	$ 29,525	$ 88,574	-11.43%
12	-40%	$ (40,000)	$ 160,000	60%	$ (35,429)	$ 53,144	-46.86%
13	50%	$ 50,000	$ 210,000	110%	$ 26,572	$ 79,716	-20.28%
14	-40%	$ (40,000)	$ 170,000	70%	$ (31,886)	$ 47,830	-52.17%
15	50%	$ 50,000	$ 220,000	120%	$ 23,915	$ 71,745	-28.26%
16	-40%	$ (40,000)	$ 180,000	80%	$ (28,698)	$ 43,047	-56.95%
17	50%	$ 50,000	$ 230,000	130%	$ 21,524	$ 64,570	-35.43%
18	-40%	$ (40,000)	$ 190,000	90%	$ (25,828)	$ 38,742	-61.26%
19	50%	$ 50,000	$ 240,000	140%	$ 19,371	$ 58,113	-41.89%
20	-40%	$ (40,000)	$ 200,000	100%	$ (23,245)	$ 34,868	-65.13%
21	50%	$ 50,000	$ 250,000	150%	$ 17,434	$ 52,302	-47.70%
22	-40%	$ (40,000)	$ 210,000	110%	$ (20,920)	$ 31,381	-68.62%
23	50%	$ 50,000	$ 260,000	160%	$ 15,690	$ 47,072	-52.93%
24	-40%	$ (40,000)	**$ 220,000**	120%	$ (18,829)	**$ 28,243**	-71.76%

图 4-5 如这个例子所示，通过跟踪的实际结果，了解风险背后数学的现实意义。不能想当然地仅仅依赖于自己的认知进行假设

做大多数交易员不会做的事情

我们都听说过，健康的生活方式来自健康的习惯。这不是突发奇想地决定在没有训练的情况下出去跑马拉松。健康是你每天所做的所有事情的总和：你如何吃饭、锻炼多久、适度饮酒等。久而久之，你甚至不必去选择做什么或不做什么，你的健康习惯会根深蒂固。

交易中也有健康的习惯，我称之为“生活习惯”（Lifestyle Habits），需要成为第二天性。就像早上起床、刷牙或者去健身房进行锻炼一样，这些习惯将成为你的交易生活方式的一部分。一旦形成，这些习惯将助你进步并扩大你的舒适区。

健康的交易习惯之一是定期对你的投资结果进行事后分析；另一个是削减你的损失，保护你的资本免受破坏。这不仅仅是记录一个交易日志而已，定期分析投资结果可以为你提供反馈机制。任何反馈循环的基本前提是允许在系统内进行

调节或自我调节。反馈也有助于学习，有了过去的成功经验，你就能够在当下和将来采用同样的方法处理事物。

为了使你的反馈循环有用，它必须被始终如一地定期使用。例如，作为我事后交易分析纪律的一部分，我每季度及每年会进行一次评估，尽可能地收集有关我的交易信息。你的反馈回路必须具有日程，就像你的计划一样。如果你只是偶尔做一次反馈，数据将是随机的、不可靠的。

当你取得进步并且交易进展顺利时，进行事后交易分析是无痛的。事实上，你可能还会自我感觉很好。但是，当交易不顺利的时候，分析会变得很痛苦，所以你可能会逃避。就像任何其他困难的情节，比如与心理治疗师一起分析不成功的关系或童年创伤一样，这很痛苦！但是分析那个失败的关系中发生了什么或者在你生命的困难阶段发生了什么事情，会产生强大甚至变革性的教训，这将帮助你在当下和未来更加成功。股票交易也一样，增长来自勇于面对困难时期，剖析出了什么问题。

要么找到收益，要么找到借口

大家都知道，我现在是个业余摄影师。这是我的一个爱好，但我非常认真地看待我的摄影，而我的目标就是拍摄好的照片，就像我的目标是产生伟大的投资回报一样，我有最先进的设备。我并不认为拥有最好的设备会让我成为一个伟大的摄影师，就像跑得很快的车不一定能让驾驶员成为伟大的赛车手一样。但是好的设备，可以消除“借口因素”。

交易成功和一般成功的最大障碍之一可以总结为一个词，即借口。我想确保自己对在生活中所做的一切的结果负全部责任。我知道对结果负责的力量。所以当我使用最好的设备时，我就只能 100%地承担自己的行为责任，我就不能说另一个摄影师能拍出比我更好的照片是因为他有一个更好的相机或镜头。承担个人责任是让我能够成为一个更好的摄影师必备的事情，这也是成为超级交易者的唯一重要的事情。这是一种对负责能力的认知。

在股票市场，你可以找到收益，也可以找到借口，但不能兼得。要竭尽所能地消除你个人的借口，你的成功之路始于承担责任，不要将自己缺乏成功归咎于外部因素。控制股票交易的最好方法是了解你的投资结果背后的数学逻辑。这将使你走上成功之路，因为你会知道真相并承担起 100%的责任。

第5章

让钱而不是错误滚动起来

你要买那种价格趋于0的东西，而卖那种价格趋于无穷大的东西。

——保罗·都铎·琼斯

（Paul Tudor Jones）

当我在 30 多年前开始交易时，我的目标是在最短的时间内取得最大收益，从而实现明星业绩。为了做到这一点，我需要学习如何真正让我的钱复合滚动起来。但是在早期，我犯了典型的菜鸟错误——我复合了错误而不是资本。

我做了许多投资者都做过的事情，也犯下过最致命的错误——当我持有的股票价格下跌时，我没有割肉止损，而是买入更多。我当时的行为理由就是“向下平均”，认为这样我可以摊低成本，从而当它最终上涨（我认为它一定会上涨）时我会收回自己的失地，而且收回的速度会比我最初失去的更快。这种想法在投资方面很常见：如果你喜欢的股票每股 20 美元，在它每股 15 美元的时候你也会喜欢它。但这种做法恰恰会让账户透支、让投资者破产，因为你复合了错误而不是资金。

当一个头寸运行不如意时，特别是在你买入之后马上就下跌时，你会遭受损失，这很容易理解，因为你犯了一个错误。这可能是因为你在制定选股标准的时候缺少某个元素，或者你错过了最佳时点。也有可能，是因为整个股票市场正在分化。当你在这种条件下买入更多的股票时，你在失败的位置上尝试“摊低成本”是真正的“于事无补，本末倒置”。不幸的是，这种事情一直在发生。而且，这会比其他做法更快地消除更多的账户。

许多投资者知道自己应该通过止损来控制风险，然而他们却总是说服自己继续持有。比如“现在是牛市！每次我止损之后，股票就会拐头向上，股价变得越来越高。但是，如果不卖出而是买入，那么当股票再次上涨时，我真的可以赚很多钱。”又一次，对“卖出后股价收复失地、错过好股票”的恐惧出现了。当这种情况发生时，自负正在接管你的理智，你希望自己是对的，你相信最终会证明你是对的。所以你说服自己违反规则是可以的，你为自己找到了非常危险的四个字——“就这一次”。

欢迎来到下坡路。当你告诉自己“我会打破规则，但下不为例”时，你已经为自己打开了失去原则之门，因为它永远不会“只发生一次”。这就像一个酒鬼说“只喝一小杯”，或者一个瘾君子说“最后一口”一样。偶尔，这些话还能有效，但不幸的是不良习惯会自我加强。你持有的股票下跌了 5%、10%，然后是 20%，此时你没有遵从止损的原则，而是说服自己持有或者更有甚者——买入更多。股价回升，收复失地，涨幅达 20%。你告诉自己你是一个投资天才！嗯，当然，你承担了 20%的风险，假设你真的准备在这个位置上执行止损，获得了 20%的收益。

如果以上是你正在做的那种交易，那么你恐怕需要尽早觉醒了。

危险的是，你的股票可能正在面临真正的困境，那么你的亏损就会达到 30%、40%、50%或者更高。此外可能发生的是，如果你对一只股票这样，那么你可能已经对很多股票做了同样的事。在股市中，当坏习惯起作用时，会导致你破产。如果“就这一次”奏效，那么你会说服自己结果比方式更重要，下次你还可以这样做。再后面，我的朋友，你的前景就很昏暗了。

不是所有结论都生而平等

用一个最简单、最快捷的方法来阐述这一点：两个人试图过马路，一个人非常仔细地看着两个方向，跑着过马路，但被一辆汽车撞了。另一个人遮住了自己的眼睛，盲目地跑进了车辆川流不息的大道，但是安全地到达了另一边。这是否意味着安全地穿过马路的人做了一件聪明的事情呢？如果这种情况重复 100 次会怎么样？你认为谁到达马路对面的成功率会高一些呢？“结果”并没有证实“方式”。

你有过几次“就这一次”的时刻？你知道我在说什么：你的一只股票正在亏损，价格已经到达你的止损线，你知道应该卖，但你真的很喜欢这家公司，你确定股票会反转向上。所以你告诉自己“就这一次”，你会多持有一小段时间，打破了自己的规则，尽管你知道自己应该离场了。现在问问自己：这些“就这一次”的时刻让你变得更富有了吗？

“就这一次”违反了你的规定，破坏了你的纪律与原则。这就像开始节食，但是三天后，你决定“就这一次”地欺骗一下自己，并在午餐后加了一点甜点。很快，你已经开始摄入额外的卡路里。第二天早上，体重向错误的方向移动。即使不破坏自己的规则，交易本身就已经很有挑战性了。坚持原则意味着你必须承担很多小的损失来保护自己，这或许偶尔会让你在真的想抓住一个大浪时感觉自己选择了错误的方向。但是“就这一次”会使你陷入下坡路，并且不会只出现一次，不会只出现在一笔交易中。你最终会为打破一个规则而嘉奖自己，然后你会扭曲和破坏更多规则，直到你最终像穿过马路的那个家伙，闭着眼睛，耳朵上还带着耳麦。

你不会只做一笔交易，所以不要脱离实际思考，要把格局放大。从我下定决心并且决定再也不出现“就这一次”的那一刻开始，我的业绩开始从平庸走向卓越。我对自己说：“就是这样，不能再‘就这一次’了！不能违反规则，那样做是没有回报的。”

赖以生存的话

保罗·都铎·琼斯（Paul Tudor Jones）可以说是最伟大的理财经理之一，我非常尊敬他。许多年前，我偶然看到一张他的照片以及贴在他的交易桌前的名言“摊低成本是自讨苦吃”（Losers average losers），这几个字包含了大智慧——只有输家才会摊低失败头寸的成本。

这句话让我很震撼。首先，它说明，如果你在摊低成本，你会成为一个失败者。如果连保罗·都铎·琼斯都这么说了，那么这可能真的很值得关注。其次，最伟大的交易员之一都需要用大写字母在墙上贴上这样一个标志，这就证明了“摊低成本”是多么具有诱惑力，以及提醒自己“不要这样做”有多么重要。你知道这有多诱人，你喜欢的股票之前是每股 25 美元，现在只要 20 美元了，所以你的本能就是此时更加爱它，多值的价格啊！但是，这种想法只是一个幻觉，让你看不到股票走错了方向。一定要克服你的自负——在你的亏损很小的时候，趁它变为严重亏损之前离场。这是真的，简单而直白，只有输家才会摊低成本。

50/80 法则

为了让你的资金而不是损失产生复利效应，你需要意识到我称之为“50/80 法则”的隐性概率。也就是：一旦一个长期的市场领头羊股价达到顶端，有 50%的可能性，股价会下跌 80%；有 80%的可能性，股价会下降 50%。

想一下这些概率，股价向上大幅度走高后，几乎可以肯定会在达到顶点后下跌 50%，而下跌幅度达到 80%的概率与扔硬币相同。一旦市场领头羊股价达到顶端，它们的平均下滑幅度将超过 70%！在这里，我没有提到时间问题。这是一个警告，告诉你在第一次触及你的股票止损点的时候需要特别注意。

每次严重的跌幅都是从一次小幅回落开始的。如果你有遵守规则的原则，那么你会在亏损很小的时候就限制住你的亏损。但是，如果你用各种理由说服自己忽略止损或不在触及止损的第一时间采取行动，那么当股票不断下跌时，亏损将会更大。如果在这个下降通道中“摊低成本”，希望股票会在某个点反转上升，那么这种不受控制的亏损就会在心理上毁掉你，并且最终会终结你的交易账户。

更糟的是，持有大幅下跌的股票，当价格走低时，买入更多可能会使你有一次、两次或几次赚到。但在某种程度上，你的股票将继续下跌（见图 5-1）。你不是只有原本的头寸在遭受损失，其间你额外购买的股票也在亏钱。从这一点上看，你可能真的在让你的错误越滚越大。你会对自己说“这肯定是底部了”，以此说服自己，并继续购买更多股票！一些股票投资者过于自负，无法接受错误，所以他们可能几次将头寸加倍。业余交易者竭尽全力去做正确的事，专业人士则竭尽全力去赚钱。

股票下跌加倍的人，与手里拿着臭牌却还要提高赌注的扑克玩家一样。手里只拿着一对 2，却还希望能打败另一个强势下注人的想法无疑是业余打法。专家玩的是百分比；他们言行一致，并且避免大的错误。最重要的是，他们避免在低概率事件上冒险。他们只在成功率合适的情况下下注，若不合适则弃牌。他们不是星期一早上的四分卫，在已经弃牌后还要求看到下一张发的牌，以便能看看如果没弃牌这一把能不能赢。专家专注于言行一致。他们知道，随着时间的流逝，概率会正确分布，如果只赌小概率事件，自己肯定会输。

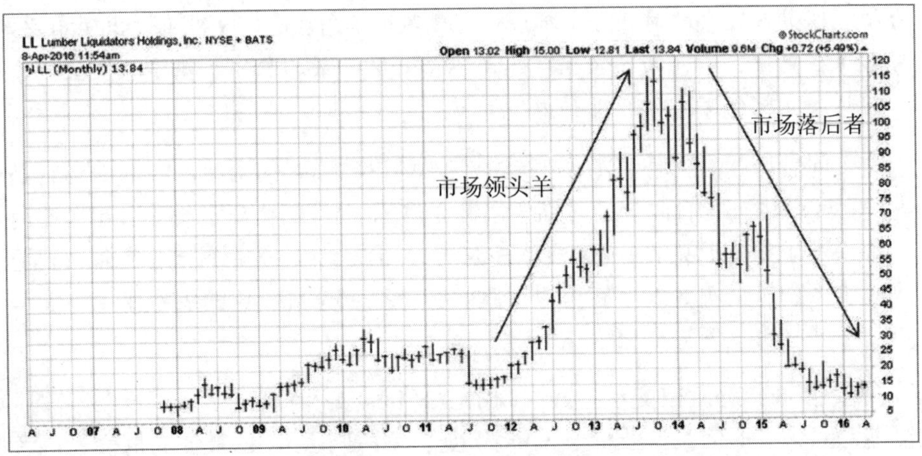

图 5-1　2008—2016 年，Lumber Liquidators（LL）股票曾是领头羊，但也没能逃脱 50/80 法则。股价在 2013 年达到顶点，之后下跌了 90%多

在某些时候买入过气的领头羊股票可能会让你赚钱。但现实情况是，你让错

误而不是金钱越滚越大，而这种行为最终会摧毁你拥有卓越表现的可能性。这是肯定的！

“便宜货”陷阱

在逛你最喜欢的百货公司时，有些东西会吸引住你的眼球——可能是一件毛衣、一件夹克或一双鞋子。它质量一流、完美合身，还有设计师的标签。然后你看看价格标签——哇哦！它超出了你的预算。但是根据经验，这家商店会有很大的折扣，所以你只要等一下。果然，几个星期后，这家商店开始打折，你作为忠实客户将获得额外 20%的折扣。在打折的第一天，你看到了那个非常喜欢的商品，史无前例地，它降了 30%、40%，甚至 50%。你是一个快乐的买家，因为遇到了很低的价格。

然而，百货公司的经验不适用于股票市场。当你投资股票时，突然“便宜”的东西不一定是打折。如果你只是因为便宜而购买，那么你可能会落入陷阱。这不是一个真正的“发现”(如打折的阿玛尼外套)，“便宜”的股票价格下降一定有其原因。如果你买入该股，同时相信自己做了一笔很划算的交易，特别是如果你爱上了这家公司和其故事，你可能会因为股票不断下跌而面临巨额损失。当你是因为便宜而买入股票的时候，如果它的表现不如你所愿，你会很难做出卖出决定，因为它现在更便宜了，而“便宜”正是你第一次购买的原因。基于“便宜”的逻辑，它越便宜就会变得越有吸引力。

这个问题可能是一种直觉。很难抵制“廉价”股票的诱惑，特别是当它是一个大牌，或者过去曾有高价的时候。你告诉自己，“像那样高素质的公司（通用电气、可口可乐和星巴克等)，是不会衰退的”，但是一家公司不一定是因为衰退而导致股价下跌（见图 5-2)。它可以下跌并保持在低位，让你的头寸在“水面”下多年，在某些情况下甚至长达几十年。

在超过 33 年的股票交易生涯中，我无法告诉你我看到了多少只股票下跌后再也没能涨回来。即使是专业价值投资者也会为此挣扎，一些最佳的价值投资者在 2008 年遭受了巨大损失，他们购买的“便宜”股票一直在下降通道中，股票不断下跌，不断变得更便宜。单纯基于估值定价，我们没法知道股票是否真的到了底部。

图 5-2　1990—2016 年，Cisco System（CSCO）股价在 2000 年达到顶部后，股价总共下跌了 90%，之后趴在那里 16 年

当股票市场领头羊达到顶点后，股价可能在经过一段时间的下跌后看起来比较便宜，但它实际上是很贵的（见图 5-3），原因是未来的贴现。在大多数情况下，下跌的“便宜”股票其实很贵，特别是在断崖式下跌之后。通常，市盈率（P/E 值）会在股价大幅下跌后猛增，主要是因为盈利的更大幅度负增长，或者更糟——开始亏损。到那时候，就已经太迟了。

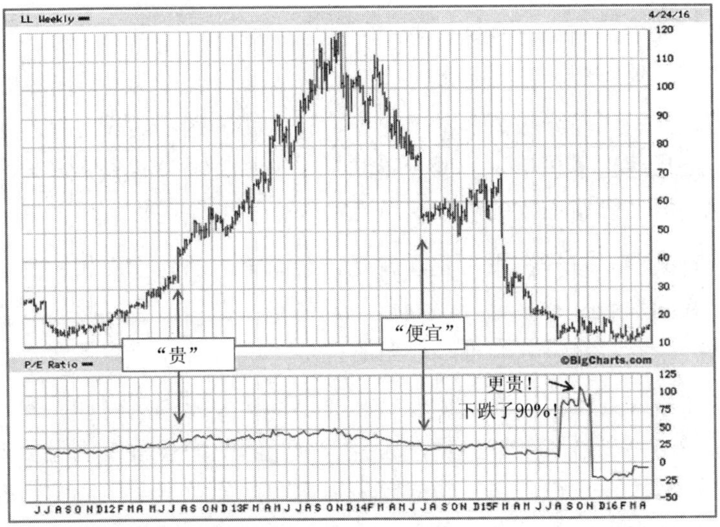

图 5-3　2011—2016 年，当看起来很贵时，Lumber Liquidators（LL）股票涨了 3 倍；当它看起来“便宜”时，下跌了 90%

对快速下跌保持敏锐的嗅觉

我无数次看到过这种事情的发生：一家公司似乎有一个伟大的故事。它正在进入新的市场，正在推出有前景的新产品线，公司的利润率超过了竞争对手，这一切都指向了令人信服的增长描述。季度盈利报告出炉后，一切看起来都更好，因为收入和利润相比上一季度和上年同期都有巨幅增长。

但是，股价却立即下跌了。事实上，它下跌的幅度很大。这看起来说不通啊，该公司正在增长，各项数值也都很好，而且一家受人尊敬的经纪公司刚刚把股票放在了买入名单上。

在这一点上，你可能会觉得市场是错误的，你认为自己已经找到了一个真正的投资机会。你告诉自己，这只股票比几个月前便宜，你真的应该加仓。有什么理由不这么干呢？

答案归结于“差异披露”，在这种情况下，你不知道大型机构投资者知道什么（是他们造成了股价的巨幅下跌）。在没有这种信息的情况下，你最好先离远一点。

术语“差异披露”来源于法务会计。实质上，这意味着一份文件中报告的信息（例如，公司的年度报告）与其所报税单或其他证券交易委员会（SEC）文件中所披露的内容不同。毫无疑问，当一家公司向股东说一套，向 SEC 又说一套时，这就是一个预警信号！

在这里，我将“差异披露”的概念换一种方法表达。假设 XYZ 公司的收益刚刚出来，结果超出了预期。但股价下跌了 15%，交易量也是近年罕见。当这种情况发生时，即使股票在我的观察名单上，我也不可能购买。

显然，有某种“差异披露”正在发生，公司报告的内容和机构投资者的看法有了分歧。我的想法并不重要，然而这些机构正在抛售该股票啊。我喜欢的是机构正在购买的股票，这将大大推高股票的价格。

现在，在概率领域，这次回调像是一次不可错失的购买机会。然而更有可能的是，这家公司正在陷入某种麻烦，而且那个光鲜的增长故事已经蒙上了灰尘。我们可能在事后才能知道事实，但问题是你现在就要做出交易决定。要想成功交易，你就不可能做事后诸葛亮，你必须实时管理自己的风险。在这一刻，你必须问自己：*如果公司如此伟大，这个故事听起来也很棒，而且收益和销售都很强劲，那么为什么股价会下跌这么多？*

在股市中，没有信徒就没有真理。这就是为什么你不应该为故事买单，也不应该在股价证实前买入的原因。没有必要这样做，此时还有其他很多公司都符合你的选股标准。为了增加你的钱而不是错误，你的目标是买到一路向上的而不是向下的股票。即使你的策略涉及在支撑位买入或回落到移动平均线时买入，也最好等到股价开始再次上涨，而不是在股价暴跌时进入股市，因为你永远不知道股价到底会下跌多少（见图 5-4）。

在股票交易中，股票的基本面和故事两者的重要性并不如机构投资者的看法那么高。故事、盈利报告和估值不会改变股价，人们的行为才会改变股价。没有一个有意愿的买家，即使是最高质量公司的股票也是一文不值的废纸。要学会相信你的眼睛而不是你的耳朵。如果股票的价格动作没有证实基本面，请远离！

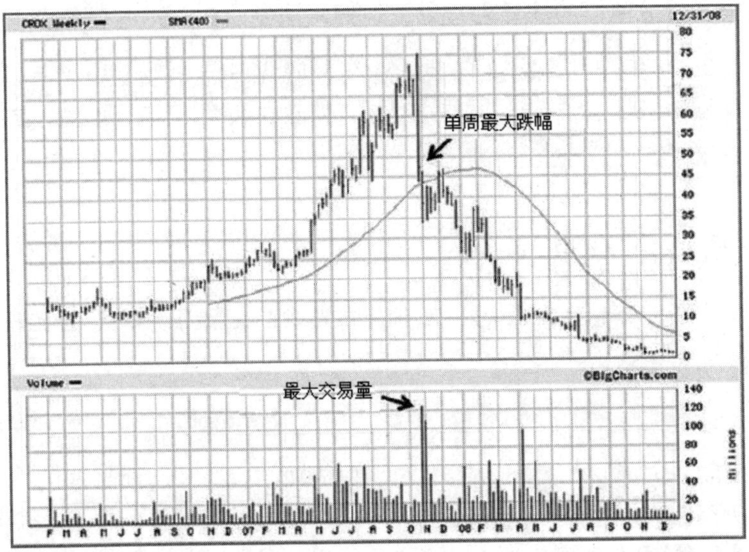

图 5-4　2007 年 11 月 1 日，Crocs 公告利润增长 144%。交易量也是上市以来最大，然而当天股票下挫 36%，当周也创了单周最大周跌幅

让球穿过球网

不是每个伟人都注定伟大；他只是按照自己的愿景，做了必须做的事。

——名言 100 句

我们已经看到了投资者是如何复合损失的，那么怎样才能实现我们复利资金的真正目标呢？首先，这个目标是通过坚持纪律和严格的交易规则来实现你的投资政策。其次，也是更重要的，你需要学习如何做到大多数投资者做不到的事情。

在我 20 多岁的时候，我喜欢看书，听那些有关商业和谈判的磁带。我现在还能记得能力谈判研究所负责人罗杰·道森（Roger Dawson）的话。为了保持专注于谈判中的重要事物，他建议大家想一下是什么决定网球比赛的结果——在网袋上方移动的球。让球顺利从上方穿过网袋并保持时间最长的球员将赢得比赛。

这对谈判和交易都适用，你必须专注于你要完成的工作。*赚钱是有效实施周密计划的结果。专注于结果只会分散你对于过程的专注，忽略为实现预期的结果而必须做的工作。*棒球运动员需要保持专注于扔出的棒球，以便能一击必中。盯着记分牌只会分散他们的注意力，导致他们无法专注在关键的任务上。

当我告诉自己下面这段话时，我的业绩表现从平庸变为杰出："不要担心那该死的资金并痴迷于计分板。我只是专注于成为最好的交易者，并遵守规则。"钱于是自己跟着来了。

积少成多的成功

我渴望完成一个伟大和崇高的任务，但是我的主要任务就是要做好小事，就好像它们伟大而崇高。

——*海伦·凯勒*（Helen Keller）

生活中的巨大成功都是由一连串的小型成功结合在一起而形成的，股票交易也不会有所不同。这不是一个开关业务，你不必做出是或否的决定，你可以逐步移动。即便曾经有过，我也很少双脚跳进股市。我通常从试探性购买开始，首先建立一个相对较小的仓位。如果奏效，我可以增加交易金额或添加更多的备选股票。另外，如果我在一些交易中都能取得成功，我将会增加我的整体投资组合敞口并变得更加激进。这是我让自己远离困境的方式，并且能在对的时候赚大钱。

当你以现金头寸进入市场时，你不应该马上增加交易规模和整体风险，而应该等到你的初始资金有了一些投资感觉之后再行动。我有一个非常简单的增加我的交易规模的理念——*如果我在投资 25%或 50%的时候没有盈利，为什么要把我的风险提高到 75%或 100%投资或使用杠杆呢？*恰恰相反，如果事情没有按计划进行，我会缩小我的敞口，或者我会保持目前的状态，按兵不动。

通过遵循正确的交易规则，并且当苗头不对的时候缩小规模，你会在交易糟糕时使用最小的仓位。这是在控制风险！但如果在苗头不对的情况下增加敞口，那么当交易最不顺的时候你的仓位会变大，而这可能是灾难性的。

这个纪律不仅仅具有防御性，按照这个规则，当交易顺利时可以逐步加强你的敞口，当你交易最好的时候你也将仓位放到了最大，这就是你实现明星业绩的方法。你让资金产生复利，而不是让损失越滚越大。但是，要想做到这一点，你必须遵守自己的规则。

底线是：如果你的头寸显示亏损，那么真的没有理由加仓。另外，当事情发展顺利时，利用利润来承担风险，以此取得成功。

我的做法是：我通常从 1/4 的位置开始（见图 5-5）。在每场胜利后，我将我的头寸数量翻倍，直到我建仓完毕。我会在获胜的时候加大仓位，在失败的时候减小仓位。

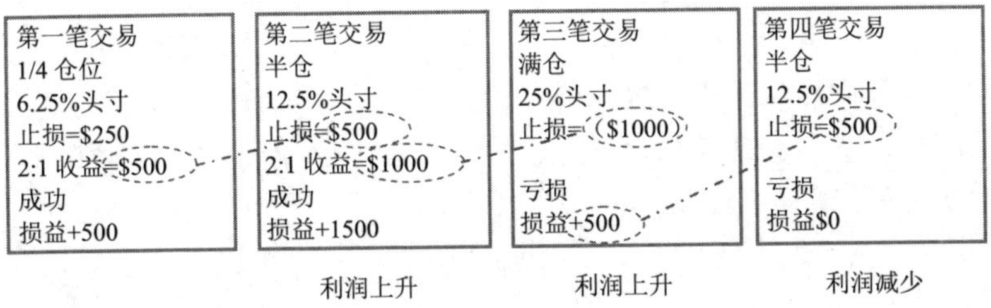

图 5-5　这是一个关于我如何从小到大地加大仓位，并利用利润来弥补我的风险增量的典型例子

如果保持 2:1 的风险，我可以在对错概率各占一半的情况下仍不会陷入麻烦。如果我能够连续三次获胜并加仓——在 1/4 仓位、半仓和满仓下都能获胜，赚到的钱就可以让我有机会保持三个满仓及一个半仓（见图 5-6）。

永远不要忽视赔率

当你玩扑克时，你应该总是看着桌面上的总筹码，以此影响你下注的金额。技术高明的扑克玩家总是试图让赔率对自己有利。你会为了赢 50 美元而去冒 150 美元的险吗？如果你足够聪明的话，肯定不会。你更愿意冒 150 美元的险来赢得 550 美元。如果你手上的牌有 50/50 的获胜机会，那么你需要比 2:1 的赔率更好，以证明下注是合理的。股票交易也是如此。

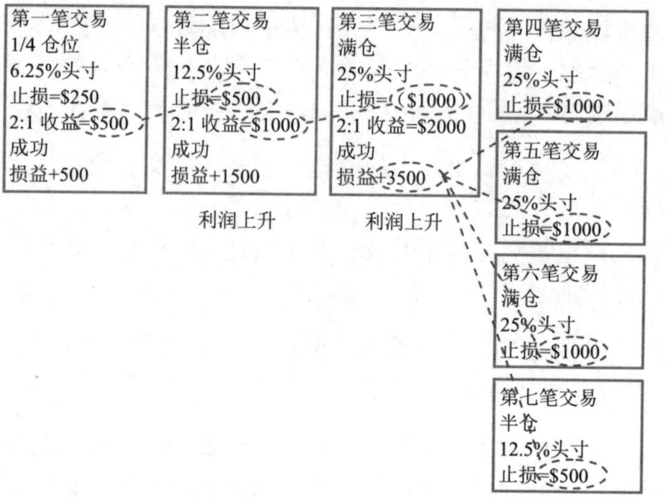

图 5-6　随着利润的上升加仓，这些胜利可以为我进行更大的交易提供风险保护

假设你的交易有 50/50 的成功机会，用 20%的风险换取 20%的收益只会让你随着时间的推移而出现损失，你能盈亏平衡，但也会输掉交易成本。关键是总是获得好的赔率，永远不要忽视赔率。将风险保持在收益的一小部分之内，你将会享受到数学优势并拥有安全边际（见图 5-7）。

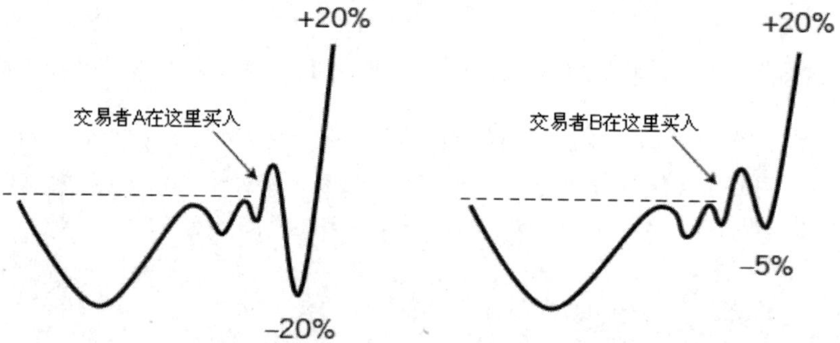

图 5-7　交易者 A 允许股票下跌 20%，然后获取 20%的收益率，1∶1 的收益/风险比。相比之下，交易者 B 的比例却为 4∶1，风险为 5%，收益率为 20%。多次交易之后，你认为哪个交易者将是更大的赢家？

长寿命是关键

在我的第一本书中，我讲了一个在最初一年的某个星期三晚上的保龄球联赛中获得 259 分的故事。我的观点是，任何人都可以像我那天晚上那样有短期的成功，但是我从来没有再次接近那个分数。一致性区分了专业和业余，你也许可以在篮球场上投进一个三分球，但迈克尔 • 乔丹却一直持续稳定地在做，此外他还承担着压力。你的交易目标是执行一个你可以始终如一的策略，知道任何单一交易的结果都不能决定你的成功，是你的所有决策和交易的集体成果才能决定你是否成功，纪律的一贯应用导致长寿命和可重复性。

永远不要让好好的收益变成亏损

一旦股票从我的购买价格上涨了一个体面的幅度后，我就要进入利润保护模式了。至少，我要保护我的盈亏平衡点，规则是永远不会让好的收益变成亏损。假设我以每股 50 美元买入股票，股价提高到每股 65 美元，然后我会把止损线提高到至少每股 50 美元。如果股票继续上涨，我开始寻找一个机会，在股票上涨过程中全部或部分出售，以获利了结。如果我在盈亏平衡点被止损，我还保有我的本金；虽然没有任何收益，但至少没有损失。根据重要性，我把它们按照如下顺序排列：

第一，使用初始止损保护自己免受巨额亏损。

第二，股票上涨后，保护自己的本金。

第三，一旦获得了不错的收益，保护自己的盈利。

我有一些一般的指导方针——任何上升到我的止损和平均收益倍数的股票都不应该被允许亏损。当股价上涨到我设置的风险水平的三倍时，我几乎总是提高止损线，如果这个回报数字高于我的历史平均收益则更是如此。如果股票涨幅达到我平均水平的两倍，我总是把我的止损线至少提高到盈亏平衡点。在大多数情况下，我会把止损线设置在与我的平均收益相同的位置。这将有助于防范损失，保护我的盈利和信心。

在一个本来盈利的交易上仅仅盈亏平衡地退出会让你感觉不舒服，但是当你将好的收益变成亏损的交易时感觉会更糟糕。最令人沮丧的经历之一就是看着自己持有的股票暴涨，然后暴跌，回吐所有的利润，最后变成亏损。记住，你的目标是赚取不错的盈利，不是在最低点进入或者在最高点卖出。你需要给股票一些波动的空间，但是一旦获得了很大的收益，你必须停下来保护自己的本金。

为了实现可持续的盈利能力，你必须保护你的收益和本金，我不区分两者。一旦赚取利润，这笔钱就属于我，昨天的利润就是今天本金的一部分。

业余投资者把他们的收益看成是市场的钱而不是他们自己的钱，在适当的时候，市场会把钱拿回去。当我的股票涨幅很大时，我通过在盈亏平衡点和利润水平上设置止损线来避免这种情况发生。有时候我将一部分收益落袋为安，然后让剩下的自由发挥，以获得更大的收益。我允许股票有足够的空间来进行自然的反应，但是我从来不想持有一只行为有问题的股票。总之，我肯定不会让一个好的收益变成亏损（见图5-8），我永远不会买入一只曾经将可观收益彻底抹去的股票。

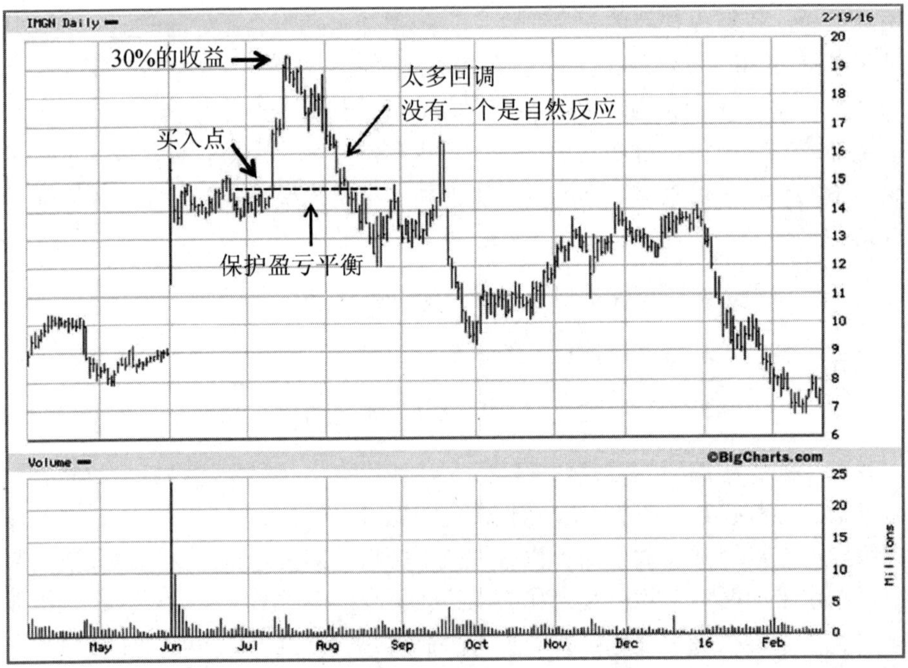

图5-8　2015年，Immunogen（IMGN）股价全面升高了30%。在这种情况下，如果你在出现机会时没有获利了结——你应该优先考虑保护你的本金

避免暗号

橄榄球队在 40 码线，随着球员就位，防守方的四分卫注意到进攻球员的位置发生转变，他突然临时决定改变奔跑方向。就在抢断之前，他大声喊出进攻的信号，一个新的战术立即投入运行。球被四分卫抢断，攻防转换，球队一次前进了 12 码。

有了正确的球员和经验丰富的四分卫，这个最后一刻的改变被称为“喊暗号”，它可能会在足球中发挥作用。但是，在股票交易中这绝对不是你要做的，特别是在你还是一个初学者时。即使是职业股票交易者也应该依计划而行，几乎没有例外。

在投资交易中，暗号几乎不会是一个应对市场突然下跌的策略或防御措施。相反，这意味着一个交易者正在做出一个实时决定。当涉及金钱、自负和情绪的时候，这几乎不可能是一个好的举动。在实际生活中，你有哪些匆忙的快速决定取得了很好的成果呢？

即使我已经成为专业交易员 33 年了而且还在继续，我也从来没有偏离自己规则的第一条，即永远要提前计划好。我会事先做好背书。我要找的是符合策略标准的股票，来确定我的建仓点。如果我错了，我知道应该在哪里离场，我要知道自己需要看什么才会去持有。这是一个完整的可以执行的计划，这也是我能保持多年成功的原因。

这种级别的准备与靠条件反射买股票相比当然不可同日而语（比如只是因为听到 CNBC 公司对某个公司首席执行官的采访或突然出现的爆炸性新闻）。当我买入股票的时候，我会去情绪化，这让我毫无在未经深思熟虑的情况下快速或非理性处理事情的压力。当我的钱准备好的时候，我也已经做好准备了，随时可以进入市场。我从经验中得知，“喊暗号”和现场临时决定会让我陷入困境，只因我还没有做到全面的研究。所以，我不会这么做！

即使一家公司似乎有非常好的消息，你也不会知道市场将会如何反应。也许这个消息已经被市场提前消化了，也许市场正期待别的东西。消息发布时，波动率会上升，巨幅波动可能会让你的交易反反复复。你可能会情绪化，而这并不利于交易。

要集中精力执行你的计划。如果你在交易日中对计划进行调整，你很可能会为冒险偏离原始计划找理由，这可能会造成麻烦。当你不交易时，你的头脑很清醒，你的情绪很平静，那时你就可以彻底分析发生了什么了。根据这些见解，你可以对现有计划进行改进，并在必要时制订新计划。至于“喊暗号”这种事情，能免则免。

你应该持有到利润报告披露吗

短线交易的好处之一就是在每一天结束时都会平仓，不会有隔夜的风险。当你做趋势交易时，持有的时间就可能超一天，所以你会有隔夜的风险，比如在股市收盘之后、第二天开盘之前公司出现了新闻。当一份盈利报告即将被公布时，你就让自己拥有了一个承担股价可能出现缺口的风险。一个伟大的正面报告可以把股价送上火箭，但一个糟糕的负面报告可能导致股票土崩瓦解，在你有机会做出反应之前股价就跌穿你的止损线。为什么企业被允许在收盘几小时之后而不是在市场开放的时候报告收益，这虽然超出了我的逻辑推理能力，但这些都是现行的行业规则。

*除非我有合理的盈利缓冲，否则我的一般经验法则会告诉我绝对不要用重仓位等待报告的公布。*如果我在股票上获得了 10%的盈利，那么我通常可以证明持有大部分股票度过报告期是合理的。但是，如果我没有盈利，或者更糟糕的是我在亏本，我通常会出售股票或者减少头寸，以防止出现不利于我的 10%～15%的跳空缺口。*无论你认为公司多么好，在报告期持有股票总是不明智的。*我不是没看到过有的公司盈利远超过盈利预测，仍然在开盘后被抛售的情形。底线是：当你持有股票度过报告期的时候，在一定程度上是在碰运气。如果股票已经让你有了不错的利润，你至少要保护你的本金并降低一些风险，相应地调整头寸，不要在报告期冒太大的风险。

坚定地跟着自己的鼓点前进

伟大的美国作家兼哲学家亨利·大卫·梭罗（Henry David Thoreau）在写他的经典著作《瓦尔登湖》时，肯定没有想到投资交易。然而，由于梭罗的智慧是普遍适用的，我们可以直接把他的那句名言应用在股票市场：“如果一个人不跟随同伴，或许是因为他听到了不同的鼓点。让他跟着他听到的音乐前行，无论多遥远。”

换句话说，就是“跟着你自己的鼓点走”。

交易者经常被迫偏离自己的策略，因此才对自己的交易做出错误的决定，因为他们屈服于外部力量的影响。市场充斥着宣传和夸张，看电视、阅读交易评论、搜索互联网，跟上最新的市场信息，这将会让你淹没在其他人所说的“消息”之中。

一些基金经理正在做什么，或者你的朋友所做的交易有多少，都与你自己的交易无关。你的朋友可能会做得很好，赚了钱，而你还在等待股票按照你的计划波动。这并不意味着你应该质疑自己的方法，只是因为感到不耐烦就过早地做某些还不成熟的事情。市场上还有其他人在做什么都不重要，你正在观察和交易的股票并不关心那些事情。

在交易时，有许多干扰因素可以干扰你的判断力。你要做的是保持自己的思想纯粹，专注于自己的能力范围内的重要事项。专业人士的标志是在这个圈子内操作，而忽略其他一切。

要想交易成功，你必须学会做出自己的决定。你需要关闭市场上的所有干扰因素（如领导者谈话节目和所谓的专家观点）。他们只是花很多的时间“讨论”市场，而不去实际交易。你最好、最有效的免疫办法就是制定一个策略和规则来约束你的行为，因此你不会被诱惑，不会因为外界干扰而关注一个特定股票（见图 5-9）。你能确定告诉你买入的那个人会及时出现，并告诉你何时卖出吗？

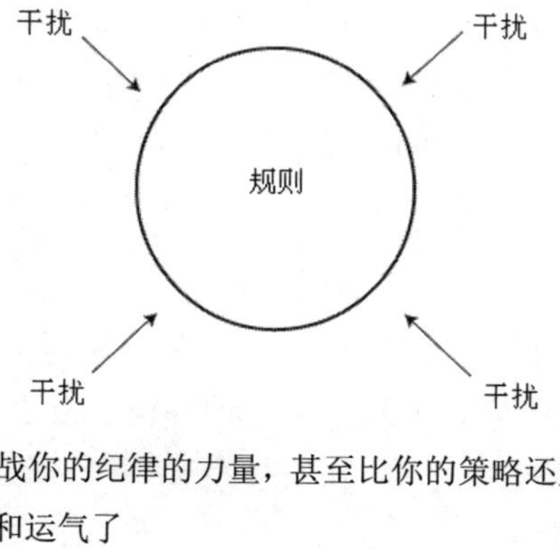

图 5-9　战胜渗透进来的挑战你的纪律的力量，甚至比你的策略还重要。没有纪律，没有策略，剩下的就只有希望和运气了

跟着自己的鼓点前进，意味着使自己免受外界的影响，否则会导致你偏离自己的纪律。用已故的韦恩·戴尔博士（Dr. Wayne Dyer）的话来说，就是“独立于他人的好意见”。如果你不坚持自己的节奏，你很快会发现自己步调失调，误入了歧途。

最大的干扰因素之一就是市场本身。看着道琼斯工业平均指数、标准普尔 500 指数、纳斯达克指数 100，以及所有其他指数就能让你疯狂。只是因为指数是红色的、箭头指向上并不意味着你所交易的股票已经到达了根据你自己的规则和策略确定的最佳买入位置。

道琼斯指数已经上涨了几周甚至几个月，但我“什么也没做”，因为我的观察名单上的股票没有按照我的策略发展。其他时候，当道琼斯指数消化前期涨幅、开始横盘震荡甚至下跌的时候，我反而取得了最大的收益。道琼斯指数做什么或不做什么只是背景噪声，这当然不是我的“鼓点”。

不要“被迫”交易

你的观察列表包含你下一个潜在交易的最佳候选股票。假设有一两只股票根据你的标准看起来发展得很好，它们几乎就是你的下一两只买入股票了，但又没有完全达到你的标准。所以，你会马上买入，因为你不耐烦或是你认为这已经“足够接近”行动标准了吗？当然不行！我的主要规则之一就是永远不要被迫交易。

相反，应该让市场来找你，等待股票符合你的策略所要求的标准。你需要耐心确认股票确实达到你确定的入场点，并以你的策略规定的方式行事。很多时候，我看到一只股票几乎触碰了我的建仓点，但又开始反向运行。如果过早地被迫执行交易，我几乎会被立即止损，而这个损失是完全不必要的，都是源于我的迫不及待。

如果你发现很难冷眼旁观，就记住提醒自己这关系到的并不是一个行为。这关乎于钱。问题是，你自己“想要做点什么”的需求可能是最大的诱惑，让你偏离自己的计划。你告诉自己“我只买一点”。这种自言自语是自欺欺人，是坏习惯。你应该坚持自己的策略。

静坐的力量

像一只猎豹在丛林中等待正确的时机（一只受伤的羚羊）出动一样，你必须学会我所说的静坐力量。这是专家的另一个标志——能够在进入交易之前静静地等待正确的时机。猎豹已经饥肠辘辘，但它仍然知道要想能吃到猎物，就必须耐心等待正确的时刻。猎豹是聪明的，知道不要在低概率的捕杀上浪费精力。

如果你不遵守自己的规则和纪律，你就没有了策略。如果你被迫交易，结果就是亏损，你将会把自己扔进一个深坑中，需要大量工作才能爬回原点。相信你的纪律，掌握静坐的力量吧。那么，当正确的时机到来时，你就会马上行动起来。要想持续地盈利，你就必须遵守纪律。遵循你的策略和交易规则，不要在未成熟的时候、不及时的时候、有风险的时候和单纯地觉得自己应该已经在市场里面的时候，去草率地交易。

在拉斯维加斯才谈运气

如果你想掷骰子，最好去拉斯维加斯，在那里你需要的只有运气。如果你想在股票市场上取得成功，就需要尽可能多地去除“运气因素”。怎样才能做到这一点呢？还是那句话——做好研究。了解你需要了解的有关自己所购买股票的信息，并在进入交易之前为各种结果做好准备。

如果你喜欢行动，并且只对“动手”那一刻感兴趣，你可能会在市场上保持“幸运”，甚至可能偶然地做出一个体面的回报，但实际上你并不真正知道自己做了什么、怎么做或为什么这样做。你认为这样的运气会持续多久？你不能指望任何连续性，因为你的方法没有真正的基底。

一次幸运的下注更大的问题是它助长了你的不良习惯。你告诉自己，“这很简单”。仅凭借着“预感”或者因为你听到的“某事”就买入股票，你会承担更大的风险。不幸的是，偶尔可以奏效。在某些时候，每个人的不良习惯都有可能在市场上获得回报。在那一刻，你觉得自己不可能输。这就是市场的诱惑力：它就像是一个维纳斯捕蝇草，看起来很漂亮，但一旦你飞进去，它就会把你整个吞下。

随着时间的推移，规则将战胜运气。一次幸运的下注能赢多少并没什么用；那个结局无法证明过程的合理性。如果你向着股票列表投掷飞镖，并在投中的股票上获得了 30%或 40%的收益，这并不意味着你做出了很好的决策。最终你一定会回吐掉你的幸运盈利，而你轻松赚到的钱只会是一个遥远的回忆。相反，你需要一种始终如一的可持续发展的回报，这些方法在现在和将来会一直奏效——一个可以终生给你带来回报的策略。运气是一个短期现象。从长远来看，运气只能属于输家。

赢家都会做好准备

你的五年级老师是对的：做好功课。每天晚上，我都为第二天的交易做好准备。这意味着审视我目前拥有的东西——我的股票与我的计划相比表现如何？我确定了哪些新的候选股？它们是否接近执行交易的分界点？

如果不时刻关注自己的投资组合，你将面临很多预料之外的风险——股价突然因不利的坏消息跳空下跌或股票前景黯淡，无论电视上的谈话人怎么讨论或炒作其前景，我宁愿错过一些体面的备选股，它们没在我的雷达上或者因没有全面的准备和计划而错过了短线的投资机会。我必须知道所有的事实，之后才能投入辛苦赚来的钱来承担风险。

另外，在市场开盘之前彻底做好功课，有助于避免失去那些伟大的投资机会。我的研究在整个市场上形成了一个网络，并能严格监控符合我的标准的成千上万的候选股。如果股票不符合我的标准，我会把它忽略掉。

当你比较好的回报和差的回报时，不论是比较两个使用相同方法的人的业绩，还是同一个人不同时间段的表现，区分两者的因素总是自律和可持续性。在这方面，投资和运动、演奏乐器或创业都一样。这些相同的变量总是将卓越与平庸区分开来。

表现良好的人员遵守纪律和一致性，军方的训练新兵要遵循“标准作战程序”，在训练、执行或预期的时候不会出现“就这一次”的不一致性。有一天，一个军人没有起床，说：“今天早上我有点累了，可能没法跑步了。”但这是有规则的，这些规则是经过验证的成功公式的一部分，它们不能被打破或破坏。可以让自己成为自己的训练长官，让一流的股票交易员的生活融入到自己的日常生活中。如果你想要持续成功，你一定要适应纪律，这是必要条件。

第6章

如何及何时买入股票（Ⅰ）

你并不是必须要上商学院；你只要记住一件事——与任何当前主流趋势保持一致。

——保罗·都铎·琼斯

（Paul Tudor Jones）

自 2010 年以来，我很高兴为有兴趣了解我的 SEPA®方法的股票交易者举办研讨会。在我的讲座中，很多交易者经常询问我对“长期下跌趋势股票”的看法。我不需要再多了解这只股票，因为我不想去抄底，我肯定不会试图与强大的跌势做斗争。

我的出发点始终是伴随着“背后的风”，这意味着我只买长期上涨的股票。对于一个巨幅上涨的股票，虽然很明显趋势是向上的，但当你过于关注近期发生的你想看到的事情时，你很容易“见树而不见林”。在目前的图表上消耗太多时间是危险的，要把它放在全景中。例如，一个在强劲上涨趋势下横盘震动的股票可能是潜在的候选股。相反，一个正在筑底但仍处在强劲下跌趋势的股票可能是一个卖空的机会。这一切都是视角问题。

我的投资方法的基础就是跟着趋势做交易（正如俗话所说，“与趋势交朋友”）。我经常将其比喻成像冲浪者一样“抓住大浪”，这意味着要借水流之势前行，否则，逆流游泳将是非常困难的。虽然这可能看起来很基础，但你需要在接下来进入更具体的购买标准之前，充分明白这一点。

我为什么使用图表

每年体检，我都会做心电图来确定自己的心脏是否健康。虽然医生不能明确地告诉我是否会有心脏病，但作为一名训练有素的专业人士，他可以用这个简单的程序来绘制我心脏的活动，为我提供宝贵的信息，说明我的心脏是否有异常行为。这个类比有助于我向交易者解释使用图表的价值。

在仔细检查股票的价格和交易量的图表时，我们能看到股票是否正常行事，或是否有一些需要进一步关注的事项。图表能为我们提供非常有价值的线索，量价分析可以帮助确定股票是否在蓄能或出货（被大量买入或卖出），它可以提醒聪明的交易者发生了极端危险，并且还可以指示何时交易成功的可能性相对较大。

任何拍卖市场的终极原则都是供求法则。当你知道如何区分积极的和误导性的价格行为后，你就可以使用图表作为过滤器来筛选自己的投资候选股，以找到最佳的选择，并提高成功概率。当你学会正确阅读图表并能确定超级回报候选股的适当特征时，风险和潜在的收益将变得明朗起来。你不必知道股票下一步要做什么，但你要知道它“应该”做什么，那么剩下的就只是需要确定列车是否按时到达了。这是必不可少的，因为你知道它应该怎样，如果它没有做到，那么退出决定就会变得更加清晰和容易。

只在第二阶段建仓

在我的第一本书中，我讨论的基本概念之一就是“阶段分析”，特别是第二阶段的重要性。像所有的股票一样，有超额收益的股票也会分阶段运行，具体有四个不同的阶段。所有这四个阶段走完一遍可能需要几年甚至几十年，你要关注的是第二阶段的股票。我避免在除第二阶段之外的任何阶段长期持有股票，在其他三个阶段（1、3 和 4），你要么亏钱，要么耗费时间。

当股票处在第二阶段时，大买家买入该股的可能性在增加。基于对可以一直追溯到 19 世纪末收益超群的股票的研究，超过 95%的股票在第二阶段的上涨趋势中有着巨大的涨幅。这是事实，不是观点。相比 5%的可能性，难道你不应该选择 95%吗？

根据股票价格行为，我确定了以下四个阶段：

第一阶段为忽视阶段，主要工作为整合；

第二阶段为推进阶段，主要工作为积累；

第三阶段为打顶阶段，主要工作为出货；

第四阶段为衰落阶段，主要工作为投降。

当交易股票时，我发现知道股票所处的特定阶段是非常重要的。关注第二阶段的股票将让风从你背后吹来，扬起风帆助你远航。另外显而易见的是，一只股票必须处于上涨趋势才能获得巨大收益，使用预定的交易标准可以为你提供合适的框架，以便你在具体条件发生的时候能做出好的决策。你应该制定议程并了解其边界（见图 6-1）。

趋势的模板

当伟大的交易者保罗·都铎·琼斯被问到交易股票时最重要的规则时，他说一只股票必须高于自己的 200 日均线，他会“想尽办法远离任何跌破 200 日均线的股票”。虽然这似乎是一个简单的规则，但不管你多么优秀（或者认为自己多么优秀），你一定要保持谦逊，了解“市场是引擎”这一点。如果想要长期生存下去，你最好学习如何成为一个笨蛋！

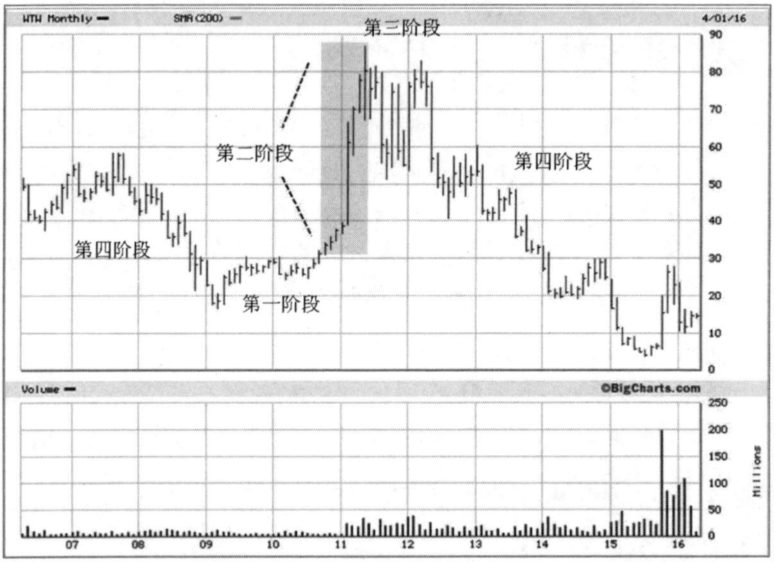

图 6-1　2006—2016 年，如果你在除第二阶段外的任何其他阶段购买了 Weight Watchers（WTW）股票，那么你失去的不是时间就是金钱

我的趋势模板概述了我选股的标准。这是我的指标，或者我称之为“雷打不动的标准”，任何不满足标准的股票都不会出现在我的雷达上。毫无疑问，其中第一准则就包括价格高于 200 日均线，并且 200 日均线应呈现上涨趋势。买入处在下跌趋势中的股票忽视了股票更大的“健康问题”，草率地把它作为备选股。就像医生根据低胆固醇就宣布患者是完全健康的，却忽视了对癌症的诊断一样。在你投资之前，要确定你的股票处于健康的长期上涨趋势。以下是股票在确认的第二阶段上涨趋势中必须考虑的 8 条标准（见图 6-2）。

趋势模板的标准

股票必须符合以下 8 条标准，才能确认其已经处在上涨趋势的第二阶段。

（1）股价高于 150 日（30 周）和 200 日（40 周）均线。

（2）150 日均线高于 200 日均线。

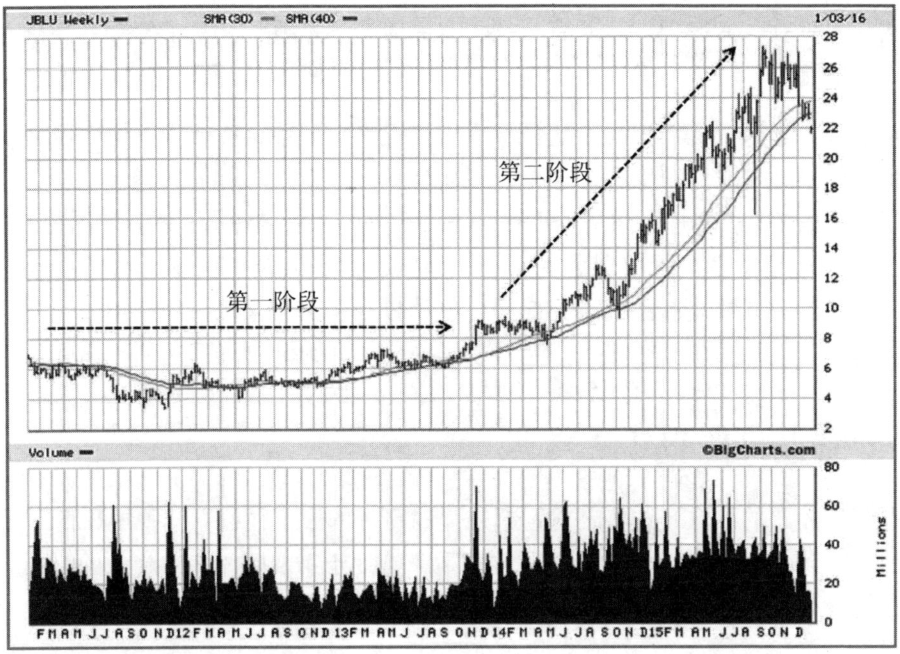

图 6-2　2011—2016 年，JetBlue Airways（JBLU）股票处在第二阶段，股价飙升了 350%

（3）200 日均线上涨至少 1 个月（最好 4 至 5 个月或更长）。

（4）50 日均线（10 周均线）高于 150 日和 200 日均线。

（5）目前的股价比 52 周内最低点至少高出 25%（许多最好的股票在健康的筑底期后能比 52 周最低点高出 100%、300%甚至更高）。

（6）目前的股价处在其 52 周高点的 25%以内（越接近新高越好）。

（7）相对实力（RS，Relative Strength）排名（就像 Inventor's Business Daily 报道的）不低于 70，更好的选择一般是在 90 左右（注：RS 线不应该有明显的下跌趋势，我希望 RS 线上涨至少 6 周，最好是 13 周以上）。

（8）因股价上涨突破前期底部，现价格应在 50 日均线之上。

随着股票从第一阶段转为第二阶段，你应该看到成交量的有效放大，这是机构建仓的表现。通过寻找经过验证的有上升趋势的股票，我可以首先削减自己的候选股数量。这样做，也可以帮助确定最有可能获得高收益的股票。使用你自己辛苦赚来的钱买入股票，找到有超额收益的股票，需要一套基于健全的规则和纪律的选股标准。

然而，业余爱好者很少以这种方式进行交易。即使这样做了，他们也很少能够保持一致性。他们的想法是这样的：因为已错过了 Facebook 的盛宴，所以现在寻找自己认为它“便宜”的时机买入。另外，他们注意到 Twitter 股价一直在下跌，他们认为过不了多久就该到达底部了，因为有数亿人全天都在上面发自己的状态。用这种方式买卖股票的人都会给自己的投资组合带来真正的伤害——只是时间问题。

专家也可能犯错

随着股票的上涨，许多之前看起来“昂贵”的股票往往会变得更昂贵。另一方面，“廉价”股票往往会更便宜，特别是股价处于第四阶段下跌趋势的股票，这就是为什么往往最低价格很少被证明是最好价格的原因。

如果你正在寻找那些有潜力成为真正超级股票的钻石股，你可能需要付出很贵的价格，因为这意味着该股可能已经上涨一段时间了。快速增长并以此可能创造更多收益的股票将会获得更高的估值，就像法拉利价格高于二手现代汽车一样。不要指望在折扣货架中找到这些钻石股。当股票急剧下降、大幅跑输市场时，通常是一个警告而不是打折。

亿万富翁兼投资者比尔 • 阿克曼（Bill Ackman）很痛苦地学到这一课。他的著名投资案例之一，Valeant 制药国际（VRX）（见图 6-3）股价大幅下滑，跌破 200 日均线，阿克曼先生将头寸翻了一番。他要么是坚信自己比市场更聪明，要么是已经爱上了这家公司的故事，总之他忽视了危险信号。

从 2015 年 9 月的一周起，VRX 在 200 日均线以下，股价下跌 92%。回想起来，按照“避免让持有的股价低于 200 日均线”这条简单的规则，可以拯救阿克曼先生及其高净值客户的财富。市场会用自己的方式让那些自认为聪明、忽略市场裁决的人变得谦逊。坚持“只买入第二阶段上涨股票”的原则，你将更有可能找到一只杰出的好股票，并避免像 Valeant 一样遇到炸弹。

图 6-3　2015 年，在 Valeant Pharma Intl.（VRX）股价低于 200 日均线时远离它，你就可以避免后面 90%的下跌

小心连续的缺口

大卫·赖恩（David Ryan）是我在南卡罗来纳州 2015 年交易大师项目的联合讲师，那时我正在讨论长期下跌趋势中股票的特点和危险因素。大卫向观众指出，这些股票经常变成他所谓的“连环向下跳空”股票，一直稳步向下，并在沿途经历了大量向下的缺口。当你买入一只处于下跌趋势的股票时，你拥有的不仅是一只走在错误方向的股票，更糟糕的是，你还大大增加了隔夜风险，有可能某天早上醒来，看到你的股票已经出现巨大的跳空缺口了。

当股票出现触顶并向第四阶段转型的迹象时，下行缺口可能成为常态，而这与你需要的正相反。作为股票投资者，你需要的是快乐的惊喜，而不是炸弹。这要从避免买入处于下跌趋势的股票，并避免买入连续跳空的股票开始。

我曾在一天收盘前卖空了 KORS 股票，就在第一个缺口出现之前（见图 6-4），当天它打破了 200 日均线，并几乎收盘在当天最低点。通过做空，这个连续的跳空缺口变成了一个利润非常高的交易，但是想象一下那些尝试抄底买入股票的人会怎样吧。

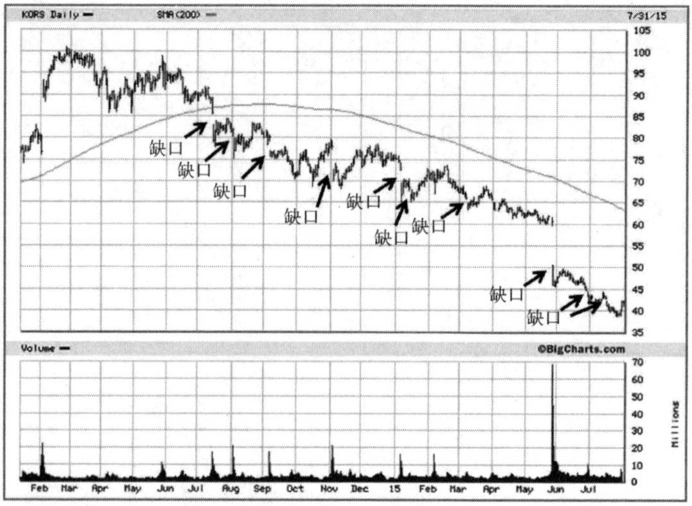

图 6-4　2014 年，Michael Kors Hldg（KORS）股价一度低于 200 日均线，进入第四阶段并成为经典的“连续跳空”案例，股价从每股 85 美元跌至每股 35 美元以下

如果你的目标是拥有下一只拥有超额收益的股票，长期上涨趋势作为你的第一个门槛或限定因素就变得很重要了，因为你希望购买已经展现上涨势头的股票。上升趋势为你提供的证据表明，真正推动股价更高的大型机构正在积极买入股票。为了获得巨大的回报，你的选择必须精准，这种精准从股票按照你的想法波动开始。这样你就可以找到上升趋势可能性最强的时候，并把它作为你的建仓点，这增加了你选中下一只拥有超额收益股票的概率。

波动收窄模式

一旦我确定股票处于第二阶段的上升趋势，且符合我的趋势模板标准中的所有 8 个要点，我就会关注当前的形态。具体来说，我正在寻找一个消化期或巩固前期上涨收益的时期，或呈现我称之为波动收窄模式（VCP）的时期。我推崇 VCP 的概念，主要是因为我看到许多人依靠形态模式进行交易，寻找似乎有着价格基础的股票。但因为他们错过了一些最重要的结构元素，所以这可能使他们的选择无效，并容易失败。

在我的职业生涯中，我发现几乎每个失败的价格基底都可以追溯到一些被忽视的错误特征。许多书籍表面上描述了技术模式，但如果你对导致高概率情况发生的供求力量缺乏了解，模式识别的练习往往会让你误入歧途。

积极的价格结构（正在蓄能的股票）所共有的最常见特征是波动收窄，并在区域内伴随着交易量的明显下降。确定正确的 VCP 是确定精确时机并帮助你择时购买的关键，在几乎所有我依赖的形态模式中，我都在寻找从左到右波动变小的情况。我想看到股价在基底左侧的波动较大，右侧的波动较小。

在 VCP 期间，你通常会看到 2～6 次价格的一系列收缩。在这个过程中，价格波动逐渐降低，并总是伴随着特定点的交易量的减少，这意味着底部已经筑完。例如，股价最初将从其绝对高位降低至 25%左右，然后股价涨了一点，然后再下挫 15%。这时买家回来了，价格在基底之内涨了一点点，最后，它下降了 8%。

作为经验法则，每个连续的收缩通常幅度为前期回撤或收缩的一半（上下可以有合理的波动）。当卖家急于获利时，从高点到低点的波动幅度最大。随着卖家变得越来越少，价格调整不会如此剧烈。并且随着价格走向基底的右侧，波动性将会下降。通常，大多数 VCP 将由 2～4 个收缩组成，虽然有时可能多达 5～6 个，这种行为将产生一种形态，这也揭示了正在形成的收缩的对称性。我将每一个收缩称为“T”。

收缩的数量

以下是连续收缩发生的情况。想象你把毛巾浸泡在水中，然后把它拧干。拧过一次后，它会完全干吗？不，它还是湿的，含有一些水。所以你重新拧了一下毛巾，又挤出一些水滴。拧了两次之后，毛巾现在干了吗？至少，它应该是潮湿的。当你继续拧紧毛巾挤出更多的水分时，每次挤出的水滴将越来越少。最后，毛巾将变得干燥，变得更轻。

同样，随着 VCP 中的每一次收缩，股票的价格变得“更加紧实”，意味着随着供给的减少，从左到右修正的幅度越来越小。就像潮湿的毛巾被拧干一样，随着股票经历了几次收缩，它变得更轻，可以比之前有大量供给的时候更容易地向一个方向移动。

以下是 VCP 形态在现实生活中的运作方式：2010 年 9 月，Bitauto 控股有限公司（BITA）形成了一个明确的 VCP 形态。巩固期持续 8 周，修正幅度为 28%，之后是 16%，最终在右端只有 6%。在图 6-5 中，可以注意到过程中最紧实的部分和基底最右侧价格最紧的时期，交易量也急剧收缩。

图 6-5　2013 年，Bitauto Holdings Ltd（BITA）经典的 VCP 形态，股价在 10 个月里飙升了 465%

随着股票走过每股 17 美元的区间，你可以看到它在几乎没有阻力的情况下上升得有多快。原因就是市场上几乎没有供给，由于供应量少，即使少量需求也能使股价上升。如果你的长期工作是准确的，而大型机构确实在那里积累了股票，那么天空才是股价的极限，这是成功择时买入的重要概念。

价格筑底代表了一个平衡的时期。由于强势的投资者代替弱势的交易者，供应被吸收。一旦“弱手”被淘汰，供应的缺乏就可以使股票走高，因为即使是少量的需求也会压倒那些可忽略的库存。这就是传奇交易员杰西·利弗莫尔（Jesse Livermore）所说的“最小阻力位”。

价格从绝对高点到低点的波动收窄，连续多日或多周几乎没有变化的情况，一般来说都是积极的，这些收窄区域应该伴随着交易量的显著下滑。在某些情况下，成交量干枯到或接近股票上涨以来的最低水平。这是一个非常积极的情况，特别是在经过一段时间的修正和盘整后，这个迹象表明，市场上的股票数量已经减少。正在蓄能的股票将几乎总是显示出这些特征（价格的紧实与交易量的收缩）。在你开始在基底右侧进行购买之前，你希望看到这一点，这就形成了我们常说的买入中枢点。

技术足迹

随着股票进入盘整期，每只股票都有自己独特的特征。与指纹类似，这些图案从远处看起来相似，但是当你放大并观察细微差别时，没有任何两个是相同的。所产生的标志或轮廓就是我所说的股票的技术足迹。VCP 最直接的特征就是形成底部过程中收缩的数量、相对深度以及过程中特定时点的交易量水平。因为我每个星期会跟踪数百只股票，所以我创建了一个快速的方式，通过快速查看我夜间所做的笔记和每只股票的足迹缩写来快速了解股票。

这个快速的参考内容由三个部分组成：

① 时间，自基底开始以来已经过去的天数或周数；

② 价格，价格修正的深度以及价格基底最右侧、最小的收缩幅度；

③ 对称性，在整个筑底过程中的收缩数量。

正如得知身高 6 英尺 5 英寸、重 284 磅、腰围 46 英寸（见图 6-6）这些身材信息，你就可以在心里描绘出一个男人的形象一样，知道一只股票的“度量信息”能给你一只股票的视觉印象。我用这些标签帮助我了解价格基础的某些关键方面，即使没有看形态我也能知道。

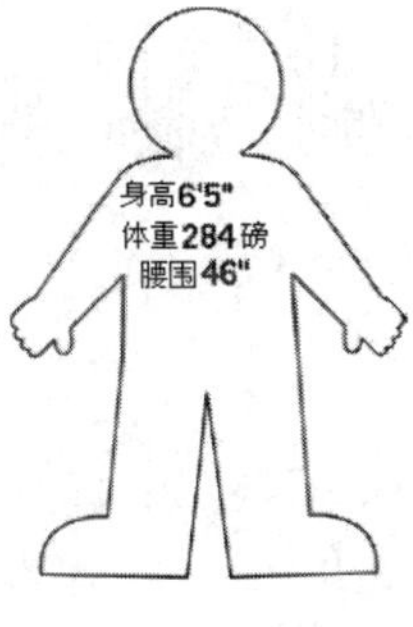

图 6-6　正如一个人的身材信息可以给你一个视觉印象一样，股票的“度量信息”可以让你看到它的股价筑底的足迹

VCP 足迹的应用

为了说明这个技术足迹是如何工作的，让我们来看看 Netflix（NFLX），之前它的股价在短短的 21 个月里涨幅超过了 500%（见图 6-7）。在 2008 年熊市低点

大幅反弹之后，股票确立了明确的上升趋势，证明大型机构正在买入股票。这些大型玩家看到了流行的视频租赁商店、区域连锁店，甚至是百事达公司（Blockbuster Video），都受到 Netflix 这个外来人的挑战。Netflix 在线租借电影这一模式大大提升了其销售额和利润水平。

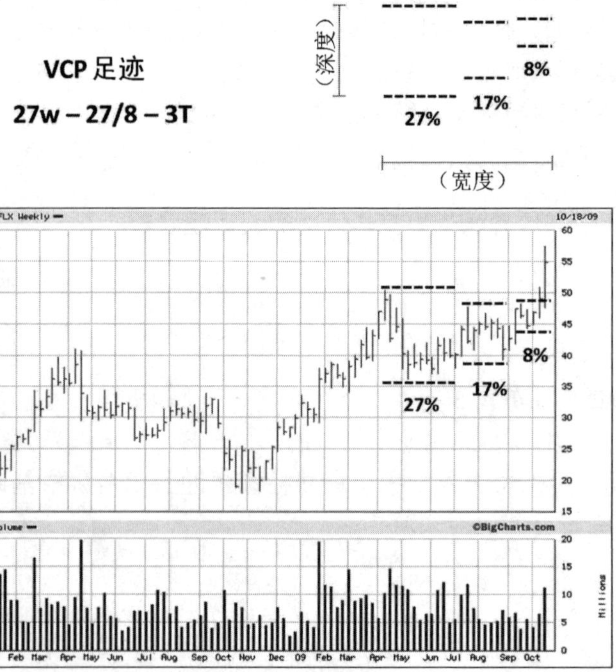

图 6-7　2009 年，Netflix（NFLX）股票的 VCP“足迹”展示了积极的价格盘整。自此，股票在 21 个月里上涨了 525%

在早期阶段，几乎没有人知道实体视频租赁即将灭绝。这个业务发生了模式转变，Netflix 在新的细分市场上没有竞争者，因为 Netflix 发明并独占了这个类别。这意味着销售和收益的巨大潜力，也就等于股票的大有作为。

你不必了解视频租赁市场的一切，也不必成为零售分析师就能看清这个机会。Netflix 在其 27 周（27W）盘整之前出现了 3 次收缩（3T），2009 年 10 月，我开始积极购买 Netflix 股票，尽管它的市盈率是 32，而同期 Blockbuster 的市盈率仅为 2。Netflix 看起来“昂贵”的事实，是大多数人在最好的日子到来之前错过这个机会的原因之一。大多数业余投资者甚至很多专业人士都想购买“便宜”的股票，这是基于对华尔街实际工作的完全误解。从上市以来，Netflix 飙升超过了 3 400%，同一时期里，Blockbuster 的股票价格下跌了 99%。

现在看看 Meridian Bioscience（VIVO），在第二阶段上涨趋势中，该股在继续上行之前经历了一系列的波动收缩。Meridian Bioscience 在其 40 周（40W）盘整中出现 4 次收缩（4T），并在后面 15 个月里涨幅超过了 100%。

图 6-8 显示了在基底内的 4 个周期的波动收缩，它们已经被虚线框起来。第一个时期从 2006 年 4 月开始，当时股价从每股 19 美元下跌到每股 13 美元，从高到低修正了 31%。该股再次上涨并再次盘整，从每股 17 美元下跌至每股 14 美元以下，回落了 17%。这是波动收缩的第一个迹象。在第二次回撤之后，股票再次上涨，这次价格仅高于每股 17 美元一点，然后回落至每股 16 美元以下，跌幅收紧到约 8%的水平。这时，我开始对该股票产生了兴趣。

最后，股票两周内仅有一次短的并且幅度仅为 3%的回落，且成交量极小，从而形成了买入中枢点。这告诉我卖出行为已经枯竭了。随着市场的增量供应减少，获利了结的行为已经耗尽。经过 4T 及连续交易量收缩后，只要有买家进来，股价就会推高上涨。2007 年 1 月，随着 Meridian Bioscience 放量突破了每股 17 美元的买入中枢点，我也跳上了这艘船。在接下来的 15 个月里，股价上涨了 118%（见图 6-8）。

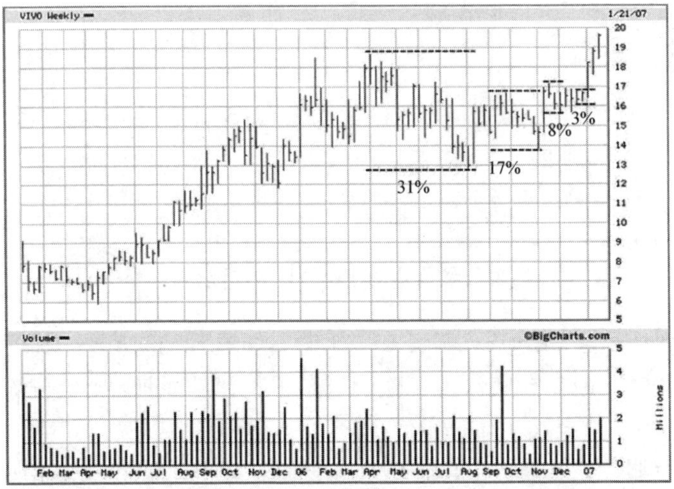

图 6-8　2007 年，在形成教科书般的 VCP 形态（4T）之后，Meridian Bioscience（VIVO）股票在 15 个月里获得了 118%的收益

上方的供应

随着股票的回调并下跌，不可避免地会有“被困”的买家，他们买入价更高，现在正在亏损（见图 6-9）。陷入困境的买家对其不断加大的亏损深为担忧，并希望在出现反弹后卖出。随着亏损的加大和更多的时间流逝，许多这样的买家对于盈亏平衡就已经很高兴了。这就是为什么股票投资者会创造上方的股票供应的原因，他们想要在上涨或邻近盈亏平衡点处卖出离场。他们迫不及待地想要在那个时候卖出，经历过山车般的折磨后，他们只要盈亏平衡就满意了。

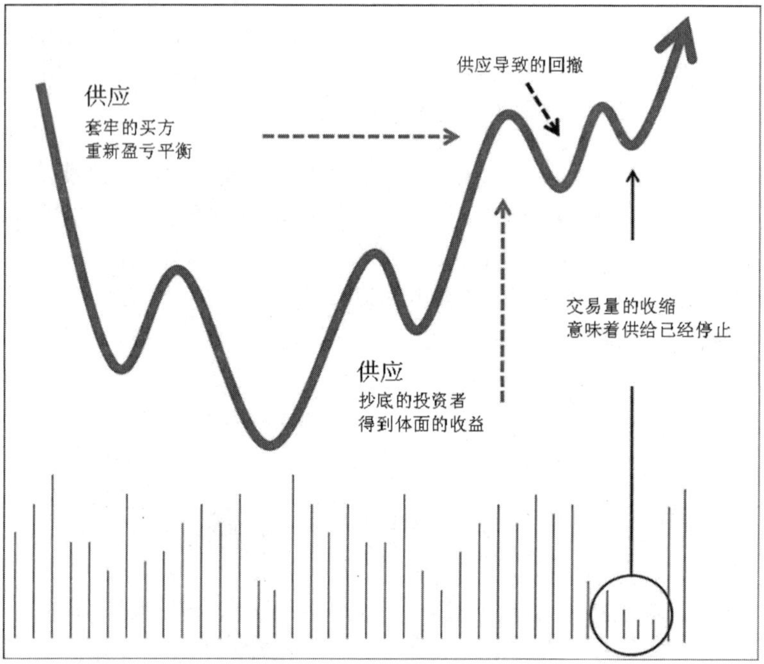

图 6-9　随着股票盘整，理论的供应/需求动态变换过程

另外，增加供应的是另一群买家，他们不像被困的买家硬扛着亏损，等待打平。他们很幸运，成功抄底，现在他们积累了不错的短期利润。随着股价回升至接近原先的高位，随着被困的买家变得平稳，获利者也有了卖出止盈需求。所有这些卖出行为都会在基底的右侧造成股价回撤。如果股票确实是由机构购买的，这些收缩将从左到右变小，因为市场的供应被更大的玩家的买入需求所吸收。这只是供求法则起作用的结果，表明股票正在有序地换手。

在购买之前，你应该等到股票经历一个从弱势手转向强势手的正常过程。作为使用止损原则的交易者，你是弱势手。关键是成为最后一个弱者，在你购买之前，你希望尽可能多的弱势手卖出股票。

你可以看到市场上股票的供给已经停止，交易量显著萎缩，股价在基底右侧越来越平静。要求你的股票在你购买之前符合这些标准，就可以提高你的股票脱离公众雷达的可能性，从而帮助你避免“拥挤的交易”，并增加你的成功机会。如果股票的价格和交易量在盘整期的右侧并不平静，新的股票供应仍然最有可能出现，这使得交易风险太大，容易失败。

VCP 告诉我们什么

总而言之，随着股票经历了从弱势手到强势手有序过渡的过程，VCP 是实际操作中供求法则起作用的证据。在波动收缩期间，市场供应量越来越少。随着长线买家遇到了卖出心切的短线卖家，上方可能让股票止步不前的供应就这样消失了。

重要的是要记住，VCP 发生在上升趋势的范围内。在股价已经上涨了 30%、40%、50%甚至更高后，VCP 将在更高的水平上发生，因为 VCP 是股价进一步上涨过程中的一个持续模式。正在蓄能的股票几乎总是显示 VCP 特征。在开始于基底右侧进行买入之前，你希望看到这一点，这就形成了我们常说的“买入中枢点”。具体来说，你想要建仓的点应该位于买入中枢点上方，并且交易量应有所放大。

中枢点

中枢点是“号召行动”的价格水平，我经常把它称为最佳买点。中枢点可能出现在股票突破创新高后或低于股票高点的位置，一个适当的中枢点代表了股票盘整的完成和其下一个上涨的前景。换句话说，在形成基底图案之后，中枢点的触发代表股票达到可以介入交易的价格水平了。现在，股票已经进入可以购买状态了。这时，临时的暂停可以让你设置触发买入的价格水平。例如，如果价格向上突破了中枢点上沿，那么一个交易者可能会使用限价订单买入 1 000 股。你应该尽可能接近中枢点买入，而不是多几个百分点追涨。随着股票超过中枢点的高度，这往往代表着下一个跃进阶段的开始。

当枢轴与最小阻力位齐平时，股票可以在超过该阈值时移动得非常快。随着股票突破这一线，它会在短时间内上涨的可能性是最大的。这种情况时有发生，因为中枢点的股票供应很少。因此，即使是少量的需求也可能使股价走高。正确的中枢点在健康的市场中能突破盘整，很少失败。

图 6-10 显示了 Mercadolibre（MELI）及其 6W 32/6 3T 的技术足迹，意味着基底期为 6 周，初始修正幅度为 32%，在中枢上结束的幅度为 6%。如图 6-10 所示，2007 年 11 月，股票开始震荡，并形成了积极的收紧。还要注意，最后一次收缩是如何伴随着交易量的枯竭的，因为在最后一个（T）时，中枢点形成，股票换手量低。然后在通过中枢点买入后，Mercadolibre 的股价在短短 13 天里上涨了 75%。这是我有兴趣捕获的快速价格拉升的类型，因为它能让我真正复利资金并实现明星业绩。

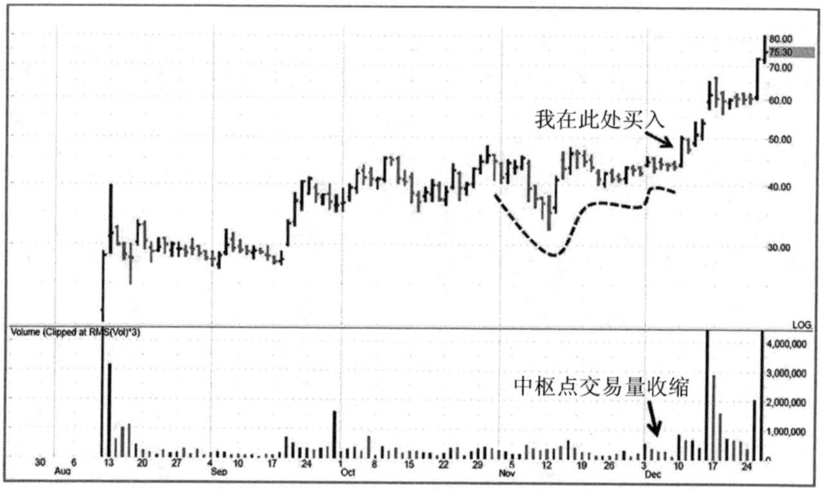

图 6-10　2007 年，就在我买入后，Mercadolibre（MELI）股价在仅仅 13 天里就拉升了 75%

中枢点的交易量

每个正确的中枢点都会伴随着交易量的减少，此时的交易量往往远低于平均水平。此外，至少有一天，交易量的减少得非常显著，在许多情况下几乎没有交易或接近整个基底结构内最低的交易量水平。事实上，我们想看到的是最后收缩的交易量低于 50 天的平均水平，并有一天或两天的交易量极低；在某些情况下，交易量几乎枯竭。虽然这种情况经常被许多投资者视为流动性不足，但这正是股票准备好大踏步前进之前发生的情况。如前所述，如果供应量很少，即使是少量的购买也可以很快地推高价格。这就是为什么你想在盘整期最紧实的部分看到交易量的显著收缩（中枢点）的原因。

下面，我们来看看 Michaels Companies Inc.（MIK）的例子（见图 6-11）。19W 16/3 4T 的技术足迹表明了 19 周的基底，连续的逐渐收紧的价格回撤为 16%、8%、6%，然后是 3%。不仅最后的收缩相对于价格很小（3%的波动），交易量也远低于平均水平。如图 6-11 所示，这是一个很积极的信号，价格刚刚突破了中枢点，我就开始下单买入了。

在下一章中，我们将继续讨论关于如何以及何时购买股票的问题。

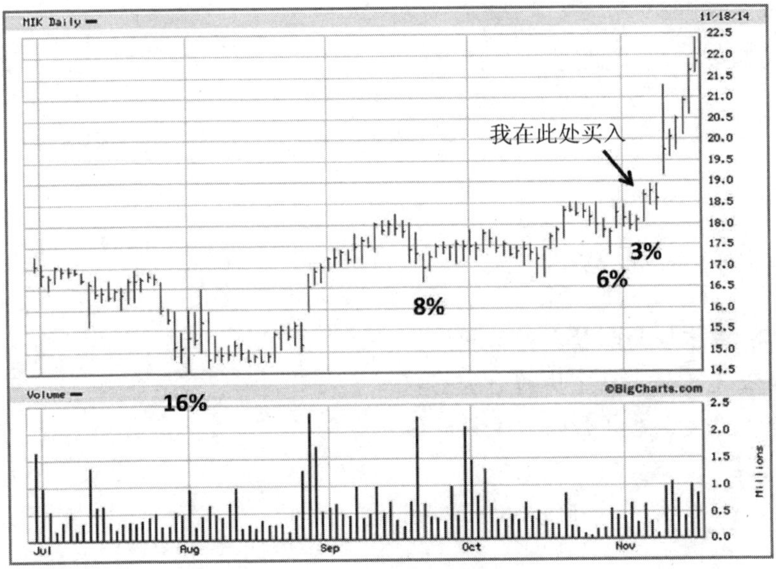

图 6-11　2014 年，The Michaels Companies（MIK）

第 7 章

如何及何时买入股票（ II ）

最终，与市场的智慧和判断相比，其他观点毫无意义。让市场的力量而不是你的个人意见，告诉你在哪里投放你的资金。

——Mark Minervini

大部分积极的价格修正幅度在 10%～35%之间，有的还会高达 40%。然而，过度的修正形态一般会导致失败。如果想要取得更大的成功，你应该专注于价格修正幅度最小的而不是最大的股票。因为当股价急剧下跌时，其原因往往是公司或行业暴露了严重的问题，或者是熊市的开始。如果股价从高位下跌了 50%～60%，不要把它当作打折的诱惑。首先，这种幅度的下跌可能表明基本面出现了严重的问题，这些基本面问题可能从公告或“表面”上看仍不明显。其次，即使基本面还没有问题，经历巨幅抛售的股票势必面对大量的潜在卖家或上方的股票供给。股票下跌越多，这一问题就越突出。

在熊市的主要修正期间，一些股票可能下跌多达 50%，但仍然良好。但是，我很少买入一只下跌幅度如此之大的股票。已经修正了 60%以上的股票将不再出现在我的雷达上，特别是因为这个幅度的下降往往表明出现了严重的问题。*在大多数情况下，应该避免买入跌幅超过整体市场跌幅 2.5 倍或 3 倍的股票。*

最近的一个例子是 GoPro，公司的主营业务为制造运动相机（人们可以在攀岩时绑在头上）。该股票在 2014 年 10 月达到每股 90 多美元，然后在 2015 年 3 月大幅下滑至每股 40 美元以下（见图 7-1）。GoPro 股票出现的巨大警告是，当股价下跌超过 60%的时候，纳斯达克综合指数上涨了 10%，表现明显不如市场，然后这个问题就变成了上方的供给问题。有了这么多高位被套的买家，上方有成千上万的潜在卖方。随着股价下跌，表现跑输市场，这意味着机构已经预期了公司基本面业绩不佳，开始抛售股票。

从那时起，GoPro 在 2015 年 8 月份上涨了一点，达到每股 65 美元，但与 2014 年同期高点相比，跌幅仍高达 30%。任何专注于股票上涨的人都可能会考虑买入该股票，但是考虑到每股 65 美元，长期下滑后较前期高点仍然下跌了近 1/3，因此 GoPro 不是我的买入候选股，并且我建议我的许多客户不要在此期间购买该股。在撰写本书时，GoPro 每股交易价约在 9 美元，较其峰值已经下跌了 90%以上。

对于那些太容易爱上一只股票的交易者来说，GoPro 是一个让人警醒的故事。当股价达到每股 90 美元、看起来就要向 100 美元进军的时候，每个人都喜欢 GoPro。当它下跌的时候，大家就更加喜欢它了，认为它回升并创新高只是时间问题，但回升只是一个短暂的反弹。为什么会这样？因为 GoPro 处于明显的下滑形态，它没有谚语中所说的风可以助它远航。

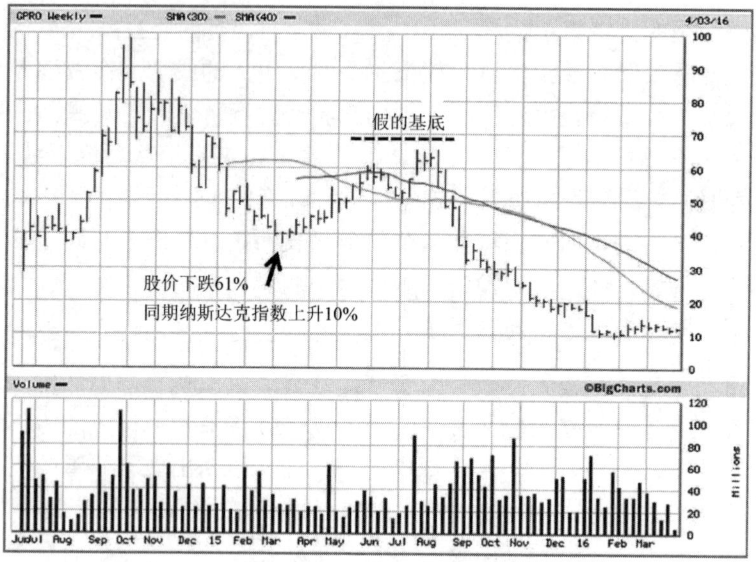

图 7-1　2015 年，GoPro（GPRO）股价从每股 98 美元跌至每股 9 美元以下。在整个下跌过程中，股票从没成功进入过第二阶段的上涨趋势

诚然，GoPro 的股价高于自己的 200 日（40 周）均线，但并未达到趋势模板要求的所有标准：150 日线低于 200 日均线，两者都趋于下降。你可以选择一个处在下降趋势的股票，等待它转为上涨趋势，但是为什么要在有大量股票呈现上涨趋势的时候冒这个风险呢？专注于已经证明了自己的股票，你将有更好的机会找到下一只超级明星股。

要成为赢家，必须创新高

我们在股市中听到的最常见的短语之一就是“低买高卖”，这个词已经成为大多数人所认为的在股市中赚钱方式的代名词。当然，很明显，你必须以低于卖出的价格买入以盈利。然而，这并不意味着你必须在历史最低价或邻近历史最低价的价格水平上买入股票。市场远比个人观点甚至是专家预测的更准确。在新牛市初期，一只创了 52 周新高的股票可能仍然是一个刚刚处于起步阶段的超级股票。相比之下，一个接近 52 周低点的股票最多只有很多顶部的抛盘，缺乏上涨的动力。但是，创下新高的股票上方可没有过多的股票抛压。

有些人说他不想一直等到第二阶段的标准全部得到确认才买入，他想要趁股价仍然较低的时候尽早买入。这里的问题是第二阶段的早期没有办法确认，你怎么知道股票是不是吸引机构的？如果基本面不到位，即使有一个好的开始也可能会在后面脱轨。此时，你买到的仅仅是一个反弹，反弹过后股票仍然停留在第一阶段，或者更糟糕——分解和下跌。在下面的例子（见图 7-2）中，你可以看到真正激动人心的时刻是从股价创了新高才开始的。

Monster Beverage（MNST）在 2003 年年底股价录得历史最高纪录。如果你因为股票看起来太贵或“股价太高”而害怕购买该股，那么你就错过了一个巨大的机会——股价在 2006 年早期就上涨了 8 000%。**请记住，股票可以成为超级明星的唯一方式就是股价在上升趋势中一路创下新高，比如从每股 20 美元到 80 美元，然后是 180 美元。**

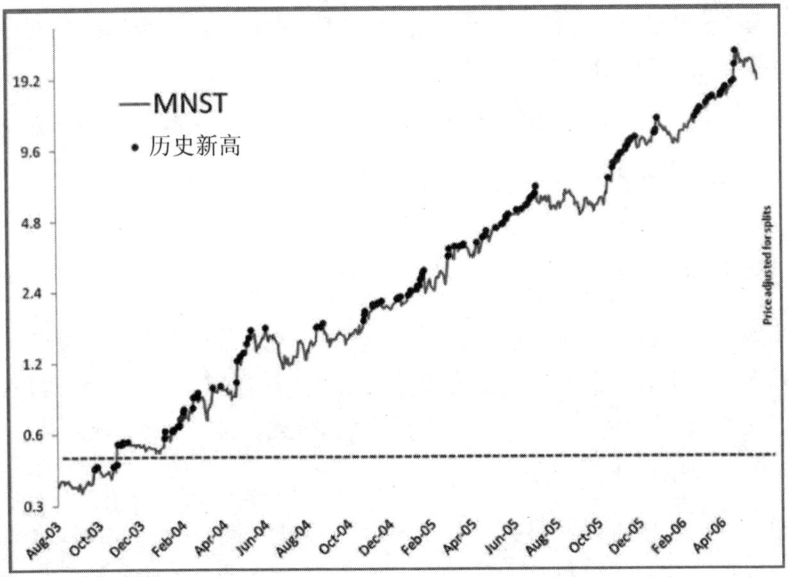

图 7-2　2003—2006 年，Monster Beverage（MNST）股票在 2003 年 8 月创下历史新高，然后上涨了 8 000%

怎样正确运用相对实力

Investor's Business Daily（IBD）将比较两个公司相对实力（Relative Strength，

RS）的问题变得非常简单，简单排名为 1～99（99 是最强，1 是最弱）。当然，你想要聚焦在拥有较强 RS 的公司上面，但这并不意味着你应该仅关注 IBD 上面的 RS 数字。这里的关键是组合使用 RS 排名——RS 线（将股票与一般市场进行比较）以及股票本身的技术指标的组合。这些指标将帮助你确定最佳的购买时间，理想情况下，股票表现优于市场其他公司，同时出现稳健盘整的 VCP 特征。如果仅专注于排名，你可能会最终购买到已经涨得太快或价格太高的股票，股价容易遭受大幅回调或修正。

知道寻找什么——案例分析

人们认为你需要一个水晶球或者能在一瞬间做出反应，才能通过快速分析新闻报道来找到高收益的股票，这当然是不对的。在许多情况下，在显示屏上出现的公司需要几个星期、几个月，有时甚至几年，才能达到一个明确的买入点。你只需要知道要寻找什么即可。

以下是我购买过的几只股票的案例研究，我在购买之前寻找并关注的内容，以及在股价巨幅上涨前能提前显示出超额回报的重要因子。

Amazon.com

亚马逊（Amazon，AMZN）股价于 2001 年 10 月达到最低点，触底。随后，价格大幅上扬，使 200 日（40 周）均线随之上涨。这标志着新的起步阶段的开始，并且根据我的趋势模板，该股现在处于已经确认过的第二阶段上涨趋势中。此时，我开始对这只股票产生了兴趣。

在图 7-3 中，你可以注意到，从 AMZN 触底的时刻开始，RS 线在整个第一次上涨过程中上升并保持持续上升趋势。到 2002 年 5 月，该股在短短 8 个月的时间里较最低点上涨了 300%以上，这可能导致许多人认为股票已经超出了买入范围。相反，股票还只是处在早期阶段，第一次上涨给了股票足够的动能，而这正是我所寻找的。并且很明显，机构正在大举购买。

2002 年 5 月至 10 月，股票形成了完美的 3-C（Cup Completion Cheat）形态。在开始突破基底之前，股票注定要出现的一个提示是 RS 线进入新高点。自从 2001

年 11 月以来，RS 线都处于上涨趋势，我甚至不必看到 IBD 的 RS 排名就知道，这只股票在榜单中肯定名列前茅。2002 年 10 月 10 日，股价高于买入中枢点，从 22 周的基底中成功突破。在该位置，我建立了自己的仓位，恰好是长达 31 个月熊市触底的日子。你说这是不是很巧？

领头羊首先触底

市场领头羊经常在整体市场刚刚摆脱熊市下跌或回调修正时出现。有时它会提早一点，有时候是 1～2 个月，到达低点。很多时候，我们会看到领头羊出现的第一次上涨当天正是整体市场达到最低点触底的日子。亚马逊就是这样，然后它在短短 12 个月里又上涨了 240%，之后又继续上涨了 38 倍。

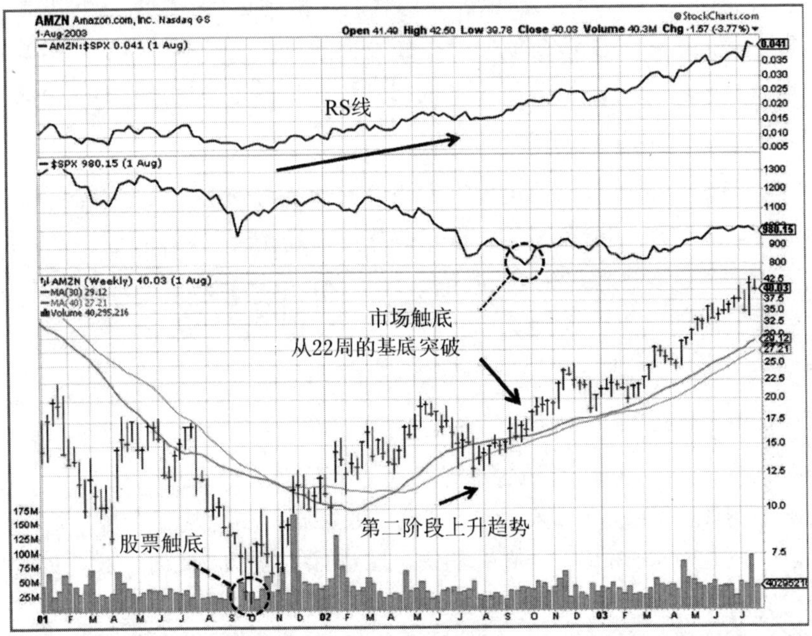

图 7-3　2001—2003 年，Amazon.com（AMZN）股票在 2002 年 10 月 10 日——恰好股市触底那天——形成了 3-C 形态，并在随后的 16 个月里上涨了 1 700%

最好的股票在一般市场平均水平之前达到低点。在修正期间，随着主要市场指数走低，领头羊走势与之出现分歧，开始走高。在新的牛市前 4～8 周，在整体市场处于低位的时候能坚守最佳并快速反弹的股票是真正的市场领头羊，能够创造惊人的收益。

但是，有几个原因可能会让你错过最好的股票。在新领头羊形成上涨趋势的初期阶段，行业内可能没有太多其他公司股价能显示出强劲且可确认的态势。这是正常的。通常情况下，行业内只会有一两只股票显示强劲的 RS。有些市场里面的最大赢家会跟着整体行业移动，但通常在公司所在板块明显走强之前，真正的领头羊，也就是最好的股票，其股价已经明显提升了。

随着熊市触底，之前最能承受下跌的领头羊股票将率先回升，从基底突破。大多数投资者没有注意到这种现象，拒绝承认领头羊股票的买入点，因为在市场稳步下滑之后，他们有顾虑。就在市场触底的时候，大多数投资者的投资组合都遭受了巨大的损失，因为他们在以前的调整期间拒绝止损。在熊市下跌结束之后，许多投资者都忙于希望能够在他们持有并亏损的股票上打平（盈亏平衡），彻底相信世界末日将来，因为他们缺乏卖出规则导致投资溃败。因此，他们不希望承认新的购买信号，并错过了这个黄金机会。

这样一个事实使得适当的买入点更难以识别：再一次，大多数投资者认为股价显得太高或太贵了。市场领头羊是那些整体市场正要准备向上反转的时候，股价就已经突破并达到 52 周高点的股票。几乎没有投资者在新高点附近买入股票，而能在正确的时间买入的人则更少。他们专注于市场而不是单个领头羊，并且经常延迟购买。

1. eBay——2003

一些领头羊先于整体市场达到底部，然后在市场指数创下低位之后从积极的基底突破。例如，eBay 在 2000 年年底就已经触底，而市场在 2002 年 10 月才到达底部。不久之后，eBay 在 7 周的基底里面进行了盘整。此时，股票处于已经过确认的第二阶段，形成了上涨趋势，并处于 RS 排名的顶部。如图 7-4 所示，RS 线处于长期上涨趋势，先于股价挺进高位。这是股票很可能有大型机构建仓的重要提示。在 eBay 突破了 7 周的基底后，股价在短短 24 个月里上涨了 234%。

2. Netflix

Netflix 于 2008 年 10 月触底；标准普尔 500 指数在 2009 年 3 月才达到最低点。在图 7-5 中，注意虽然标准普尔 500 指数创下新低，但 Netflix 已经上涨了 125%。

这使得股票处于第二阶段的上升趋势。随着 IBD 更新 RS 信息，该股 RS 线暴涨。此时，股票触及我的雷达，但是很多投资者都错过了它。原因是随着市场指数上涨并连续上涨了几个月，Netflix 股票回调了 27%，然后横盘了 27 周，这足以磨光绝大多数业余投资者的耐心。如果你看看 RS 线，似乎股票表现不如整体市场——事实上它的表现确实不如市场，但这只是暂时的。股票只是在消化以前的反弹，调整呼吸。在训练有素的人眼中，Netflix 正在绘制一个完美的 VCP 形态，并准备好开始其最大的上涨。但是你需要有更广阔的视野，能够把事情串联起来才行。

领头羊不一定会在市场低点突破。有些突破提前了一点，有些在市场触底前后突破，还有些和 Netflix 的情况一样，在市场绝对低点确立几个月后突破。

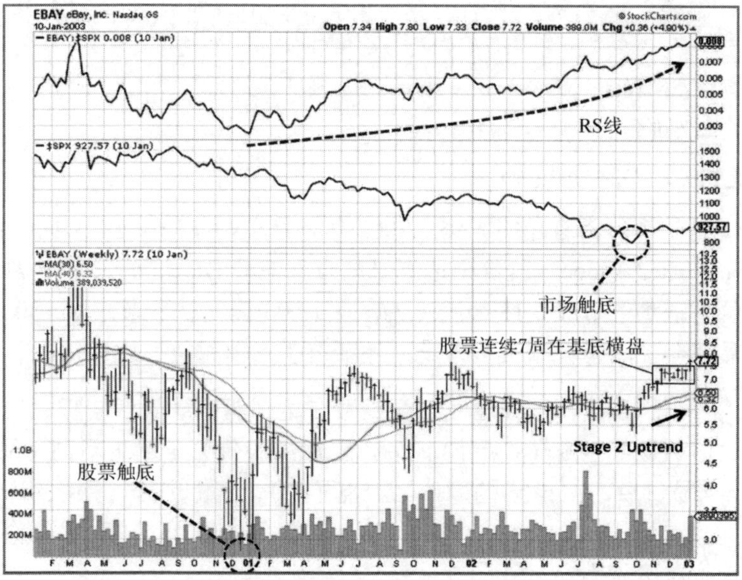

图 7-4　2000—2002 年，eBay（EBAY）股价在 2001 年触底，直到 2002 年年底才形成可靠的基底，然后在 23 个月里涨幅超过了 225%

Netflix 形成 VCP 之后，股价在短短 21 个月里上涨了 500%以上。从 2009 年 3 月至 2010 年 12 月，Netflix 连续 8 个季度销售额增长，净利润平均增幅为 45%。如前所述，自从 Netflix 上市以来，股价涨幅超过了 3 400%。而同一时期，Blockbuster 的股价下跌了 99%，最终完了。

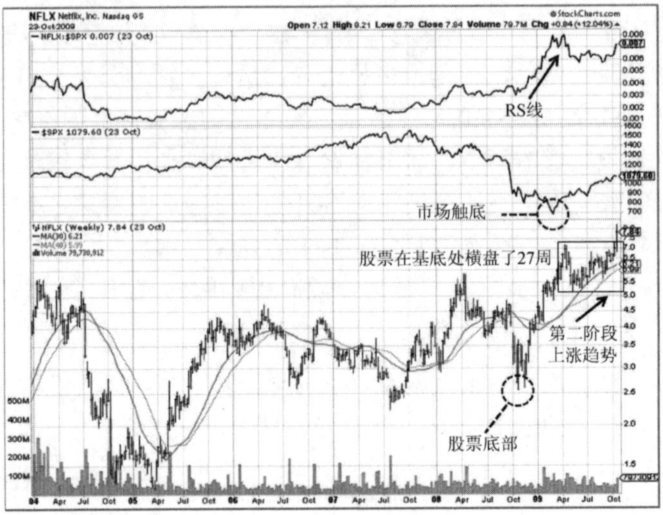

图 7-5　2009 年，Netflix（NFLX）股票飙升的相对强度线和经典的 VCP，股价在 21 个月里达到了 525%的涨幅

3．Netflix 与 Blockbuster

Netflix 是一个非常有趣的案例。2002 年，在前后 15 个交易日里，Netflix 上市而“Blockbuster Video”股价则达到最高点。随着 Blockbuster 销售额的下滑，该公司股价下跌到了每股 0.13 美元（从每股 18.00 美元跌下来），Netflix 通过网络提供的产品完全控制了视频租赁市场，逐渐将“实体租赁”边缘化。

2009 年 3 月 18 日，纳斯达克综合指数在达到熊市最低点 7 天之后，也就是道琼斯指数达到最低点 6 669 点 10 天后，Netflix 股价创下历史新高（见图 7-6）。仅仅 17 个交易日后，Netflix 的股价又上涨了 20%。最近三个季度的净利润增速非常可观，分别是 36%、38%和 58%。面对其出色的表现，这种股票你可不想着急卖出并让收益落袋为安。

2009 年 10 月，我根据明确的 VCP 形态购买了 Netflix 股票。Netflix 当时的市盈率是 32 倍，而 Blockbuster 的市盈率只有 2 倍。我放弃了“廉价”的 Blockbuster，而是购买了更“昂贵”的 Netflix 股票。

4．Michael Kors 与 Coach

一个行业集团通常由一家、两家或三家公司主导，强大的竞争对手会追逐行业内领头羊的客户。可口可乐的主要竞争对手是百事可乐，星巴克和 DunkinDonuts

竞争咖啡饮品，而家居装修市场主要被家得宝（Home Depot）和 Lowe's 瓜分。

当 Netflix 上市时，Blockbuster Video 股价达到顶端并不是偶然的。配饰制造商 Coach 出现时 Michael Kors（KORS）上市价格也达到了最高点（见图 7-7）。原因很简单——竞争开始出现，市场份额开始抢占，或者在新的潮流下老产品开始褪色。顶尖的对手总是等待行业领头羊行动后再介入，这就是为什么你应该跟踪并注意一个行业组中的两到三只顶级股票的原因。

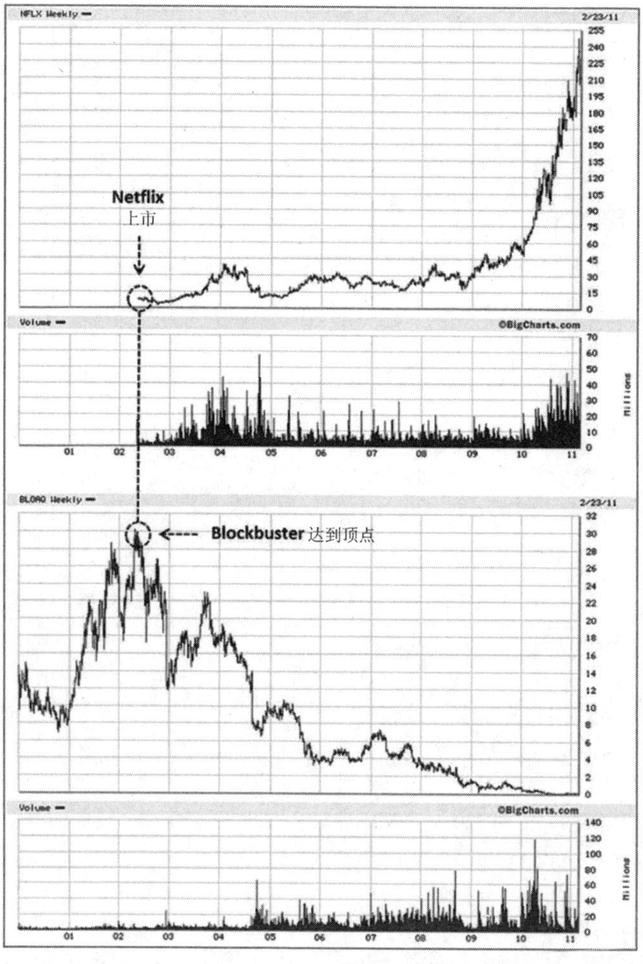

图 7-6　2002—2011 年，Netflix（NFLX）上市当天与 Blockbuster Video（BLOAQ）触顶的日子基本重合

当新的竞争对手出现时，领头羊就会改变。美国在线（America Online）是互联网市场的明显领头羊，直到搜索引擎雅虎（Yahoo!）进入顶级梯队，谷歌（Google），则直接与雅虎开展竞争，然后上市，现在被认为是搜索引擎的头号集团。

与真正的市场领头羊相比，顶级竞争对手可能并非公司更优或有更具优势的产品。它可能只是在正确的时间出现在正确的地方，或者可能是领头羊偶然犯了一次错误。或者像零售市场那样，只是时尚发生了变化。

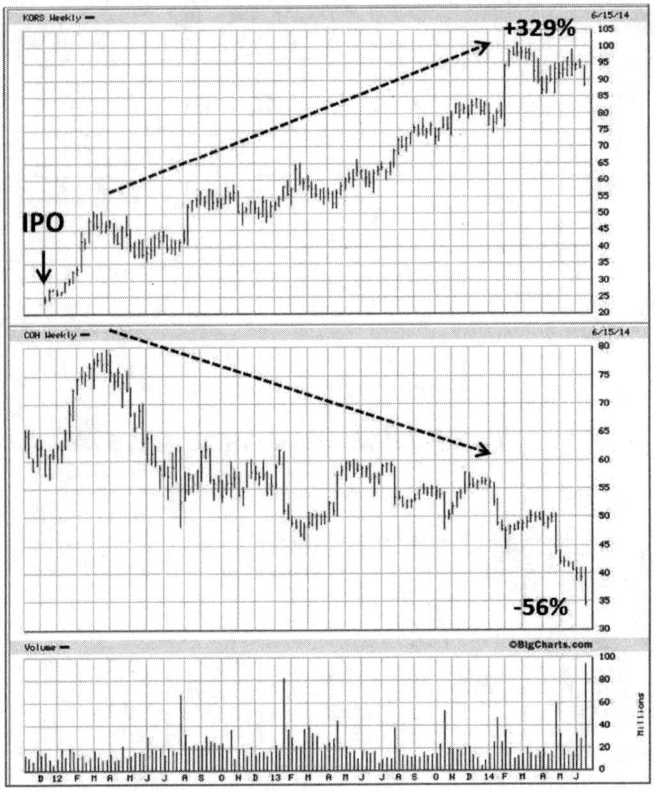

图 7-7　2012—2014 年，当老的领头羊 MICHAEL KORS（KORS）转弱的时候，顶级竞争对手 COACH（COH）开始出现

5．沃尔玛（WMT）（1981）

回到 1981 年，那时沃尔玛（WMT）还是一个小的快速发展的公司，并且尚不为人知。有些日子，股票只有 4 万股或 5 万股在交易。谁能想象得到今天的沃

尔玛在一天内的交易量就高达 3 500 万股！在 20 世纪 80 年代初期的惨淡的熊市下跌期间，沃尔玛的股价支撑住了。沃尔玛的股票非常强劲，每次指数打破趋势开始重整旗鼓的时候，其价格都能突破基底，并试图在市场仍在谷底的时候上涨（见图 7-8）。这是领头羊在每个周期展示的实力，这是一个永恒的原则，你根本无法隐藏这么大的走势背离。

图 7-8　1981—1982 年，沃尔玛（WMT）股票在 21 个月里上涨了 360%

6．苹果电脑（2004）

一个周期里的领头羊很少能在下一个周期中持续保持领先。然而，一些股票可能在牛市晚期出现，然后在下一个周期中领先。我们要寻找的是在熊市或明显调整期间仍能支撑得住的股票，苹果电脑（Apple Computer，AAPL）就是一个很好的例子（见图 7-9）。2004 年 3 月，股票整理完毕并突破基底，正好赶上市场触顶，即将进入调整期。但是，股票如此强劲，每当整体市场创下新低，苹果股价就会走高，并开始打造下一个基底。即使错过了第一个买入点，你仍然有两次机会，其中包括一个发生在市场低点时，如教科书般的买入点。但是，如果你专注于受欢迎的指数而不是领头羊股票，你肯定会错过这个绝妙的机会。

图 7-9　2004 年，Apple（APPL）股票提供了多次购买机会，股票在半年里上涨了 125%

你应该先买哪只领头羊

当你已经进入买入档位的时候，接下来的问题就是你首先要购买哪只股票。很简单，按强度的大小顺序买。摆脱了市场低点后，我喜欢以突破的先后顺序买入。你的候选股中最好的选择将会第一个爆发出来，并出现适当的买入点。通常，最强的就是最好的。通常，在新牛市初期或回调阶段末期带着最强力量最先突破的股票是超级回报股的最佳候选股。但是在市场达到底部之前，如果你没有获得先发优势，你可能会错过一些最好的公司。

我无法告诉你我的观察名单上哪只股票将是我的下一个交易标的。在 5 个、6 个或 10 个名字中，我不会像赛马一样为任何一只股票喝彩。换句话说，我没有偏好。有偏好意味着我“喜欢”一家公司，我愿意等待它突破，而此时其他我可能不熟悉或者不那么喜欢的公司，或许根据我的标准已经整理完毕并触发了买入点。在其他股票已经动起来并符合了我的标准的时候，为什么我要眼巴巴地等着某一只股票行动呢？但是这种事情一直在发生。通常，这是因为你有个人的喜好；你喜欢某家公司的地位，或者你喜欢某个特定的产品，或者是因为你想选择一个熟悉的名字，不想买入你从未听说过的公司的股票。

相反，我让市场告诉我应该在哪里投资。我寻找先发优势，买入首先突破的股票。我欢迎新的名字，而不是避开它们。大多数大赢家上市的时间都只有 8～10 年。那些率先行动的往往是真正的市场领头羊，而那些经常滞后的股票从未成功摆脱过大门。

可能有 10 只股票最终能达到你的标准，但是最先行动的股票“告诉”你应该把你的资金放在哪里。你是会和市场争吵，并因为一些主观的理由或怀疑而错过一个完美的走势呢，还是要改变你对市场的想法，对到来的投资机会紧抓不放？

你最“喜爱”的股票可能会在两三天后突破，也可能它永远不会完成整理或无法成功反弹。不要只因为个人偏好而让自己错失绝佳的机会；应该按突破的顺序进行购买。当你修炼到能够有耐心并只做高质量的交易时，就意味着你已经决定你不是为了行动而行动，而是为了赚钱而行动了。这时，你就是专业投资者了。

被排斥的反弹

在新牛市的前几个月内，你应该看到股票呈现多个波浪并不断创下新高。此时市场整体的回调将是微乎其微的，通常从高峰到低点只有几个百分点。许多缺乏经验的投资者不愿意在新的强劲牛市的初始阶段购买股票，因为市场似乎有超买现象。

通常情况下，脱离重要底部的早期阶段具有排斥反弹的特点。在这个排斥期间，投资者等待回调的机会进入市场，但这种回调却不会出现。相反，需求保持强劲，平稳推高市场，忽视了超买的解读。因此，投资者基本上被排斥在市场之外。如果主流市场指数在熊市下跌或修正后忽视了极度超买的情况，而你的领头羊名单扩大，则应被视为有力的标志。为了确定涨势是否真实，上涨日应伴随着交易量的增加，而下跌的日子整体市场的交易量应该在下滑。更重要的是，要研究领头羊公司股票的价格走势，以确定股票是否形成了稳健的可买入的基底，以及候选股名单是否有所扩大。

当创下 52 周高点的股票清单超过创下 52 周低点的股票清单并开始大幅扩容时，应该额外关注。在这一点上，你应该根据你的交易标准逐个对股票提高敞口。正如格言所说，“这是放着股票的市场，而不是股市”。在市场底部反弹的早期，如果你的目标是锁定大赢家，那么关注领头羊股票就至关重要了。有时你可能会动手过早，这时就要坚守止损的原则。如果涨势是真实的，大多数领头羊股票将会有对抗下跌的力量，此时你只需进行一点调整就够了。当你看到排斥反弹的迹象时，去寻找价格结构合理的股票，并在它们突破了适当的中枢点后下单买入吧。

3-C 形态

完整的杯形欺骗（Cup Completion Cheat）（或 3-C）是一个持续的形态。它之所以被称为“欺骗”，是因为我把它当作一个比最佳买入点更早的建仓时点，所以我会说“我在行骗”。今天，我想告诉你，这应该是你买入股票的最早的时点。一些股票形成“低位”欺骗，有些股票在其形成的杯子或碟子的中部形成欺骗。关键是要确认股票何时触底，并确定何时开始新的上涨趋势，并带来第二阶段上升趋势的形成。欺骗交易给你一个可行动的中枢点，在识别股票转头向上时点的同时提高你的成功概率。

有效的欺骗区域应该会出现交易量的收缩和价格波动的收紧。这个停歇提供了一个可以最早进入交易的机会，尽管这不一定与你整体的标准一致。但是，你可以通过利用欺骗区域进行交易来降低平均成本。一旦股票交易高于停歇或中枢点的高点，它就已经形成了拐头。这表明股价可能已经达到最低点，将恢复长期的第二阶段的主要上涨趋势。

欺骗的图形与经典的杯柄形态有相似之处，因为它其实就是完成的杯子的一部分。当手柄形成时，通常会出现在杯子的上 1/3 处。如果它形成在中间 1/3 或刚好在中间点之下，你可以得到多个买点。作为合格的股票，它在过去 3～36 个月的交易期间应该已经上涨了至少 25%～100%，有时甚至上涨了 200%或 300%。另外，该股也应该高于其向上发展的 200 日均线（前提是有 200 天的交易）。该形态可以在短至 3 周、多达 45 周（大部分为 7～25 周的持续时间）的时间内形成。在一些情况下，从高峰到底部的修正幅度为 15%或 20%到 35%或 40%，最多可达 50%，具体值取决于整体市场的情况。超过 60%的修正则太深了，极易发生失败。在一般市场调整期间，通常会看到欺骗的形成。最强劲的股票将会在整体市场从修正中向上拐头的时候就已经形成了这个形态，或者在市场上涨的同时启动这个形态（见图 7-10）。

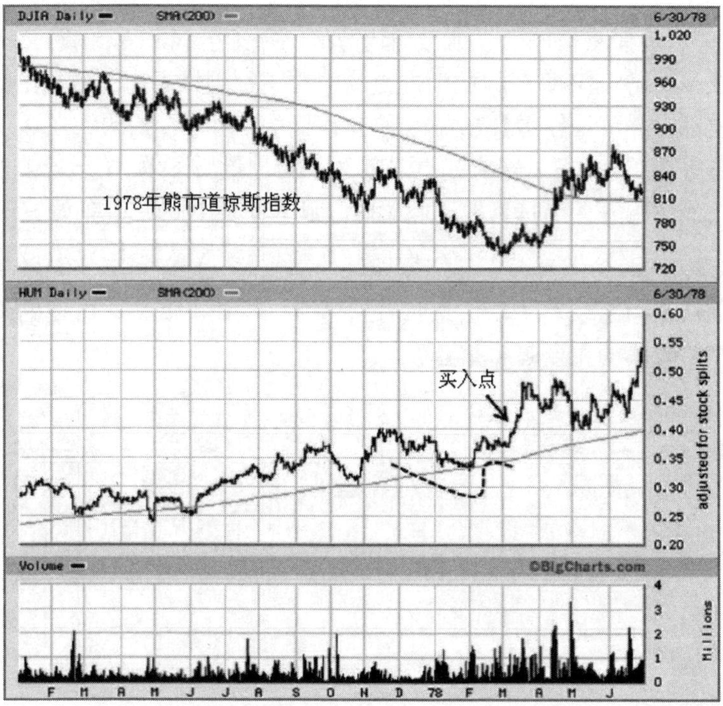

图 7-10　1978 年，道琼斯指数在低位之后几天，Humana（HUM）股票的 3-C 形态出现。该股股价在 38 个月里上涨了 1 000%。请注意指数与股票 200 日移动平均线之间的差异；市场低于下行的均线运行，而 Humana 则高于均线，且均线正在上涨

“欺骗”的说明

以下是股票通过欺骗区域，转头向上的四个步骤（见图 7-11～图 7-13）。

1. 股票会经历一次在第二阶段过程中期限适中的价格回调，它可能会在几周或几个月内发生。在价格下跌的过程中，交易量升高是正常的。

2. 股价会尝试重整，并打破之前的下行趋势，此时还不到买入的时点。由于价格和交易量缺乏必要的确认，无法判断股价是否已经触底并进入新的上升趋势。价格将开始从右侧出现上涨，通常回升到之前下跌幅度的约 1/3～1/2 的位置。然而，在中间下降趋势期间创造的上方供给通常足够大，大到阻止价格进一步上涨，并造成上升的暂停或回调。

3. 暂停。股票将暂停数天或数周，形成高原地区（欺骗区域）。区域内的振幅应该在 5%～10%之间。最佳的情况是让区域下行到低于先前低点的地方，创造出一次次震荡——正是你想要在杯柄形态中形成手柄时看到的。在这一点上，股票已经准备好被买入，可以在它超过之前暂停的位置后下单。有一个典型的信号，当交易量明显枯竭并伴随价格波动收紧时，就表明股票已经准备好突破了。

4. 突破。当股价上涨，高于高原地区的高点时，你就可以下单购买了。股票现在可以确认是向上反转了，这意味着它可能已经处于低位，中期的趋势已经形成，并与第二阶段的主要趋势重合。

图 7-11　2010 年，Cirrus Logic（CRUS）股票在 3-C 形态形成后，股价在 4 个月里上涨了 162%

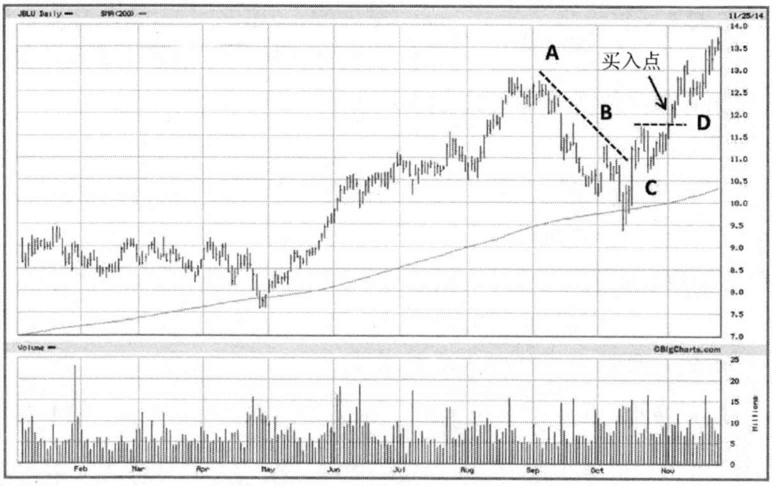

图 7-12　2014 年，JetBlue Airways（JBLU）股票形成了 3-C 形态（D 点），之后股价在 11 个月里上涨了 130%

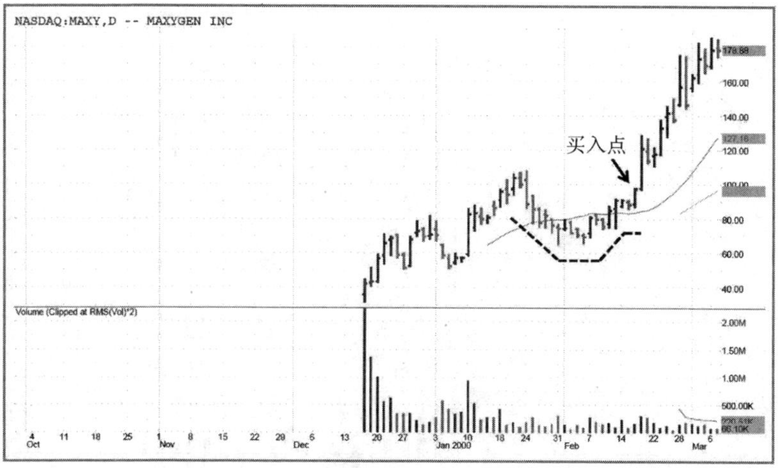

图 7-13　Maxygen（MAXY）股票在 1999 年 12 月上市后，Maxygen 在 2000 年 2 月形成 3-C 形态。在短短 14 天里股价就暴涨了 100%

"低位欺骗"

低位欺骗形成在基底下 1/3 处，在基底下 1/3 处买入股票的风险要高于中间

1/3 处（经典的欺骗区）或者上 1/3 处（手柄处）。但是，如果你操作正确，盈利潜力会更大，因为你是以更低的价格进入的。如前所述，我经常从低位开始买起，然后随着股票积极上涨形成新的中枢点后加仓。这样，我可以在买入股票的同时降低平均成本。

我喜欢在大市值股票上，有时也会在刚上市的股票上，使用低位欺骗方法。低位欺骗可以应用在很快跌破发行价但回调幅度不大的新上市的股票上。如果股票价格维持在 IPO 价格上方，则最好。有些可能快速地下跌一下，创造一个震荡，并仍保持健康。上市后的筑底期至少应有 10 天。与任何基底一样，你应该避免买入上方供应过重、有着很多套牢买家的股票。

例如，Google 于 2004 年 8 月上市。经过短暂的启动，股票在 14 天后开始修正并形成了低位欺骗。如图 7-14 所示，低位欺骗的关键是与其他买入点的关键要素相同——价格振幅的收紧伴随着卖家的消失。在我买入之前，我也想看到内包日线以及交易量的降低，另一个迹象表明进入市场的供应已经放慢成了涓涓细流，最小阻力位已经形成。

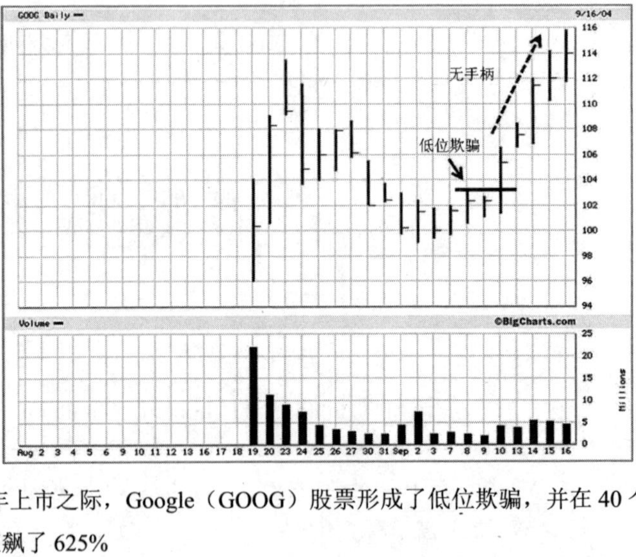

图 7-14　2004 年上市之际，Google（GOOG）股票形成了低位欺骗，并在 40 个月的时间里，价格狂飙了 625%

2013 年 12 月，Twitter 的情况与 Google 十年前几乎相同（见图 7-15）。Twitter 用 19 天形成了基底。虽然 Twitter 并没有继续像 Google 一样给我们带来巨额收益，但是低位欺骗提供了巨大的交易机会，该股在短短 16 天里上涨了 77%。

另一个例子是苹果电脑（Apple Computer），它在 2004 年 8 月成功摆脱了低位欺骗（见图 7-16），7 月份股价大幅放量跳空高开，8 月份缩量下跌回补缺口。中枢点或低位欺骗提供了一个低风险的入场点。鉴于其宽幅向上缺口及缩量回调，这个入场点非常明显。如果股价继续走低，则明显是哪里出了问题，那么这个中枢点就是明显的止损点。

图 7-15　2015 年，Twitter（TWTR）股票从低位欺骗区域快速上涨

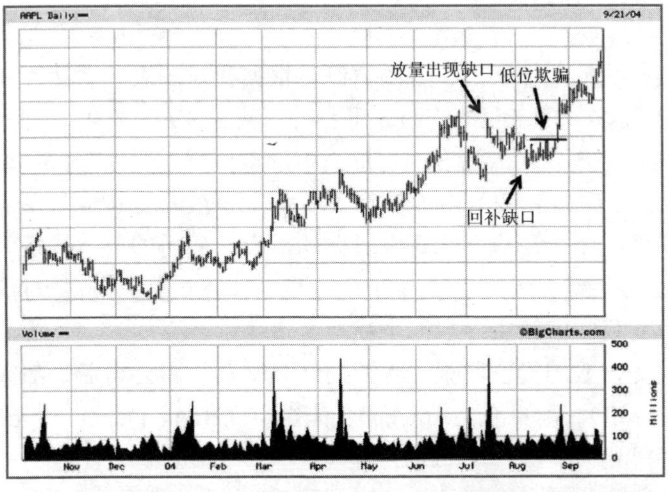

图 7-16　2004 年，Apple（APPL）股票在明显放量向上跳空后缩量回调，形成了明显的低位欺骗

"梦幻形态"

在 20 世纪 60 年代，威廉 •杰勒（William L. Jiler）出版了 *How Charts Can Help You in the Stock Market* 一书。这本书在当时已经非常超前，至今仍有很高的价值，任何希望使用图表来提高股票市场投资回报的人，都应该把这本书放在必读清单上。杰勒是第一个强调碟式平台形态的人，后来人们把它推广为杯柄形态。毫无疑问，这种模式是最有可能重复的、最可靠的价格结构，让超高回报股票在价格大幅上涨之前有迹可循。

杰勒将碟形图案称为"梦幻形态"，因为它易于识别、可靠。虽然我同意杰勒的观点，但这种模式还是容易被曲解。然而，VCP 概念和一些关于交易量的知识可以快速清除低劣的分析，并引导你找到下一只明星股票。正如之前提到的，波动率收缩是所有形态里面（包括这一形态）体现出积极的股票行为的一个关键特征。

1990 年，在美国经历石油价格飞涨和海湾战争后，股市进入了一个残酷的熊市。在几乎每个人都以为市场要继续走低的时候，我注意到大量的股票形成了大 3-C 图形和杯柄形态。许多股票将形成一个欺骗区域，向上涨一点，然后形成手柄。虽然主流市场指数均低于 200 日均线，但这些股票中的每一个都高于自己的 200 日均线和 50 日均线，而在 20 世纪 90 年代中期至后期，在报纸上的相对实力排名都很好。

幸运的是，我的纪律胜过了我的情绪。根据我对图表的看法，我在 1990 年 10 月开始买入股票。随着我的交易表现良好，我在 1991 年 1 月把买入速度进一步提高。巧合的是，在我买入这些回调过程中形态良好的股票后，*Investors Business Daily* 在头条发表了"杯柄模式的扩散"（*Cup with Handles Proliferate*）文章，并公布了一些已经或将要形成杯柄形态股票的图表。后面的事情就是大家熟知的历史了。1991 年 1 月，历史上最大牛市之一启动（就在美国袭击伊拉克当天）。通过让图表而不是我的情绪引导自己，我持有市场中最强的一些领头羊股票，而它们让我创造出传奇般的投资回报。我买的许多股票所属公司后来都家喻户晓，比如微软（Microsoft）、阿目金（Amgen）、家得宝（Home Depot）、戴尔电脑（Dell Computer）和思科（Cisco Systems）等（见图 7-17 和图 7-18）。但在当时，很少有人听说过这些公司；它们都是相对较小且不为人知的股票。

图 7-17　1989—1990 年，Microsoft（MSFT）股票在 9 年里，价格涨幅高达 5 100%

图 7-18　1990 年，Home Depot（HD）股票形成了经典的杯柄形态

双底部

双底部是形成“W”形态并且底部下行，或在某些情况下第二个底部与第一个底部持平的结构。我更喜欢下行的那种情况，因为它倾向于将弱的持有者震荡出局。此外，我希望在基底的右侧看到一个暂停或中枢点，就像我交易的所有基底结构一样。双底可以像我们讨论过的其他形态一样，形成一个欺骗区域和/或一个杯子的手柄。如果没有形成欺骗或手柄股价就向上飙升，一般最终都容易出现问题并失败。

这种形态也可以在 IPO 之后不久发生，作为主要基底或第二阶段的基础（见图 7-19）：2003 年 4 月，Dick’s 体育用品（Dick’s Sporting Goods）在主要市场触底的时候形成了 IPO 后的双底。

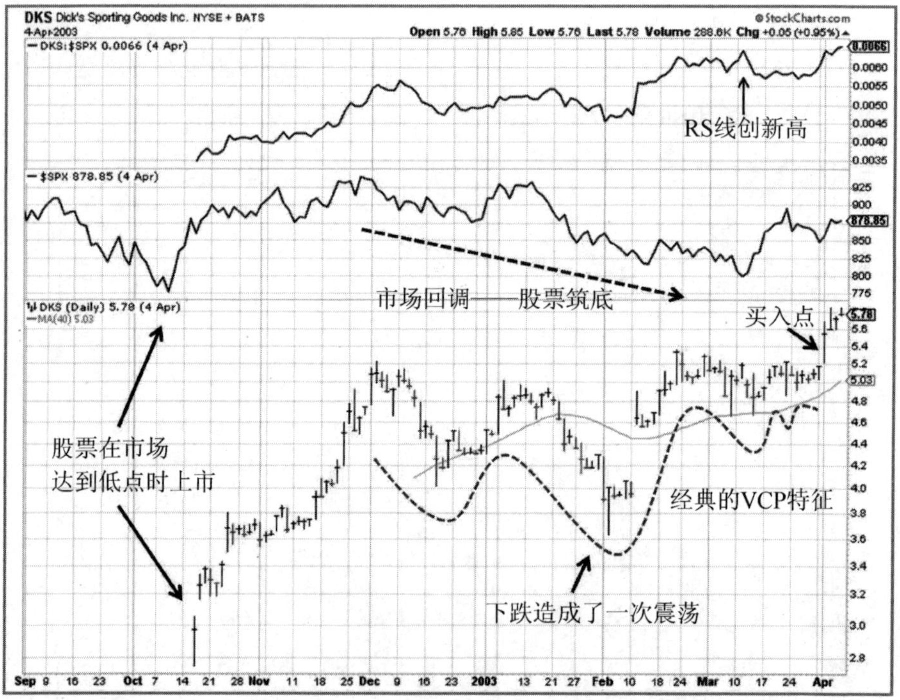

图 7-19　2002—2003 年，Dick’s Sporting Goods（DKS）股票在形成双底部后的 15 个月里，价格上升了 200%

强力拉升

接下来我们要讨论的就是强力拉升，也被称为“高扬收紧的旗帜”。这是要学习的最重要、最有回报的设定之一，也是所有技术形态中最容易被曲解的一种形态。但是，如果你能正确运用，就可能是利润最丰厚的。我也把它称为速度形态，主要基于两个原因。首先，需要大量的动量才能称得上有力量。事实上，第一个要求就是股价要有急剧上涨的形态。其次，这些准备可以在最短的时间内让股价快速上升，并且往往表明公司前景发生急剧转变。快速的价格上涨可能是由诸如 FDA 药物审批、诉讼解决、新产品或服务的发布、甚至是盈利报告的公开而引起的，当然它也可能在毫无新闻的情况下发生。其中，有些此类准备可以发展成无法解释的力量。因此，这种情况下即使缺乏基本面支撑，我也会选择入场。但这并不意味着基本面不会改善，一般来说基本面都在不断变好。然而随着强力拉升，股票表现出如此之大的力量，告诉你一定有什么事情正在发生，无论现在的盈利和销售情况如何。

虽然我不要求这种情况能有明显的基本面支撑，但我确实需要与所有其他设定一样要求相同的 VCP 特性。即使是强力拉升形态，也必须经过适当的供需消化。在强力拉升形态下，你应该在 3～6 周内观察到每周的振幅都很紧。

要想表现出强力拉升，必须满足如下条件。

- 首先，爆炸性的价格大幅上涨并伴随天量交易，推动股价在 8 周内上涨 100%以上。已经走完后期阶段基底并获得巨额利润的股票通常不符合此条件，最好的强力拉升股票通常都是处在第一阶段的安静股票，然后突然爆发。
- 其次，随着爆涨，股价在相对较窄的范围内横盘修整，在 3～6 周的时间里（有些只要 10 天或 12 天），修正幅度不超过 20%（一些价格较低的股票修正幅度可能达到 25%）。
- 再次，如果在基底的回调高度不超过 10%，则不需要一定看到以波动收缩的形式出现的价格收紧，因为价格已经够紧了。

2010 年 2 月 4 日——纳斯达克综合指数达到新低的当天，我购买了 Pharmacyclics（PCYC）股票，并把它推荐给了我们的 Minervini Private Access 客户（见图 7-20）。在接下来的 48 个交易日内，Pharmacyclics 推高了 90%，纳斯达克指数在此期间只上涨了 18%。事后证明 90%的上涨只是一个开始，股票在 43 个月里涨幅高达

2 600%，成为市场明显的领头羊。

知道要何时、何地、购买哪些股票，需要一个经过深思熟虑的、并且执行过程不会受到情绪影响的计划。幸运的是，有用来指导这些决定的规则和标准。虽然学习如何识别最佳候选股票并确定最佳买入点需要时间和纪律，但对于那些愿意学习和应用正确标准的人来说，在正确的时机购买股票将助他们走上获得超额投资回报之路。

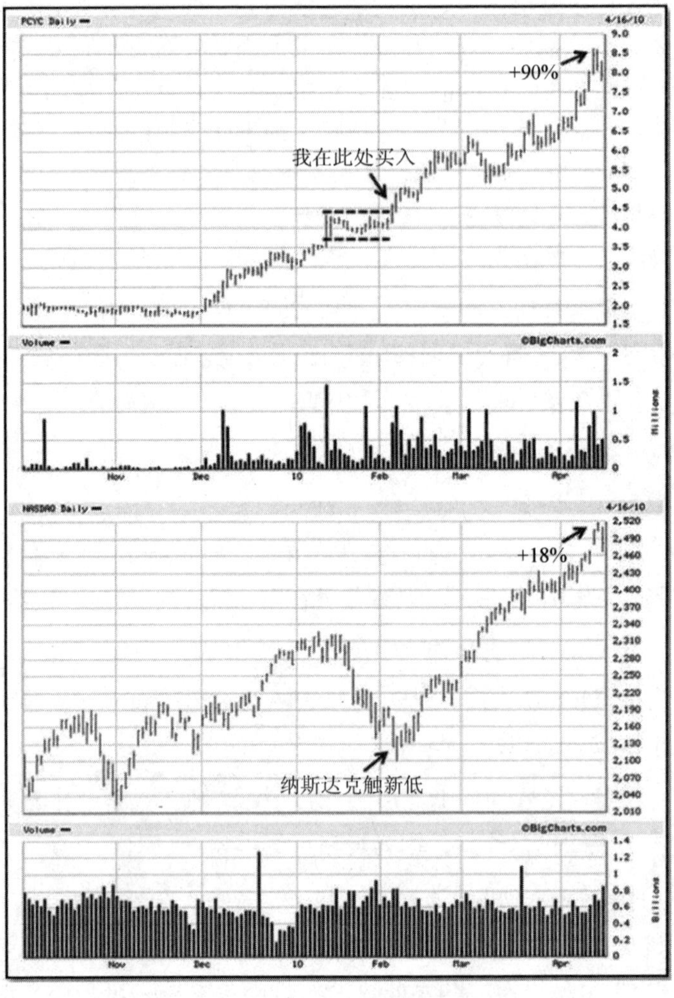

图 7-20　2010 年，Pharmacyclics（PCYC）股票

第 8 章

最佳回报对应的头寸大小

任何交易的最大风险不应该超过总额的 1.25%~2.5%，而不是随便选一个数字。

——Mark Minervini

1991 年在夏威夷的一个静修演讲中，同为股市投资天才的 Ed Seykota 表示，一旦你知道你的系统的预期，交易者可以问的最重要的问题是“我应该投资多少？”。我被最常问到的问题之一就是如何确定每笔交易正确的头寸大小。最终，这个问题演变为“在投资组合中究竟应该持有多少股票”。虽然你的投资组合越集中，在短期内可以获得的收益就越大，但这还取决于事情是否按照你的想法在发展。第一条规则是永远不要把你的整个账户都押在一只股票上，那将会冒太大的风险。如果你试图通过冒这样的风险投资，你可能会被结果吓死！哪怕破产的概率只有 1%，都是一个不可承受的风险。记住，你不会只做 1 次交易，即使灾难性事件在 100 次中只会发生 1 次，那么这个不幸也将意味着 100%。因为在你的一生中，你将要做出至少 100 次交易，甚至可能会有数千次交易。每次你押上一切时，本质上你都是在冒着死亡的风险。

另外，如果你想实现超额投资回报，太过地分散自己的投资组合也会适得其反。多元化是在不同证券之间分配投资的策略，以使得在特定证券或行业下降的情况下限制损失。该策略依赖于平均的收益能否达到你的心理预期。多元化相较单一交易也提供了一些心理上的好处，因为一个标的的短期变化可能会被另一个标的抵销，导致短线投资组合波动的整体平滑。

你的目标应该选择最佳的头寸大小，头寸的大小应该取决于在市场不如意的情况下你可以承担的损失有多大。假设你有一个 10 万美元的投资组合，你把 50%（5 万美元）放在一只股票上，设置 10%的止损线，你可以将损失限制在 5 000 美元。但对于整个账户来说亏损已经达到 5%，这样的风险太高。如果你要遭受一连串这样的损失，你就让自己暴露在可能毁灭的风险之下了。

经验越少，你应该承担的风险就越小，因为你处于或接近学习曲线的底部，更容易出现错误和亏损。

为了更容易理解关于头寸大小是如何影响风险的，我举个例子。假设你有一个 10 万美元的投资组合，并且在一只股票上的投资为 25 000 美元（占你账户的 25%）。止损线为 10%的时候，如果这笔交易看走眼了，你就让 2 500 美元或是总体股票的 2.5%暴露在风险之下，这是在完美风险暴露下的上限。如果想降低你的风险，你可以收紧止损线到 5%，这样只有 1 250 美元或 1.25%的股票受到威胁。如果你想保持 10%的止损线不变，你唯一可以降低总体风险的其他方法，就是将该股票仓位规模降至 12 500 美元（占账户的 12.5%），从而达到 1 250 美元或 1.25% 的投资风险。

你的止损线或你的仓位大小都可以变化，但两者之一必须根据另外的因素的变化来调整，才能得到正确的风险。具体来看，如果你想非常激进地投资，并将你 50%的账户持有一只股票，那你就需要使用 5%的止损来将风险占权益的百分比控制在 2.50%。但是，你的止损线设置得越紧，你越有可能被清除出局。关键是在可接受的头寸大小和可以让股价正常波动且不被剔除出局的止损线之间找到一个平衡，这被称为“风险再考量”。

当你进行再考量时，你正在使用风险优先的方法，而这应该是你永远要坚持的思路。如果你能遵守我介绍的控制头寸的指导原则，你将永远不会承担太多的头寸风险。想要承担多少风险取决于你自己，取决于最大的风险水平（见图 8-1）。

10万美元投资组合的头寸大小

总体风险1.25% 10%止损 1.25%=1 250美元 10万美元×12.5%=12 5000美元 12 500美元×10%=1 250美元	总体风险1.25% 5%止损 1.25%=1 250美元 10万美元×25%=25 000美元 25 000美元×5%=1 250美元	总体风险1.25% 2.5%止损 1.25%=1 250美元 10万美元×50%=50 000美元 50 000美元×2.5%=1 250美元
12.5%仓位	25%仓位	50%仓位

图 8-1　在不同风险水平下头寸大小影响的例子

头寸规模指导原则

- 风险占总投资组合的 1.25%～2.50%。
- 最大止损设置为 10%。
- 控制平均亏损不超过 5%～6%。
- 头寸永远不要大于 50%。
- 最好股票的最佳仓位应在 20%～25%之间。
- 持有公司的个数不超过 10～12 个（较大的专业投资组合数量为 16～20 个）。

根据投资组合的大小和风险承受能力不同，你通常应该有4～8只股票，而大量投资组合通常可能有10～12只股票。这将提供充分的分散性，但不会太过分散。没有必要拥有20家以上公司的股票，如果它们的权重相等，那么每一个的占比就只有5%。

理想情况下，我喜欢把资本集中在最好的公司上。例如，在我最好的4只或5只股票中，每只股票投入20%～25%。但是，我也并不总是这样操作。通常情况下，我会从小的头寸开始，一般占据我的投资组合的5%～10%，这样在股票证明自己之前我的风险就很小。如果股票表现如我所愿，我会相应地增加我的头寸，或者在符合我的买入条件时增加额外的股票买入。

当我把账户资金充分投资在4～5只股票上之后，我并不会闭目养神。我会不断评估自己的股票，看看哪些股票表现最好，或是我的观察名单中是否出现了新的名字。如果在我的投资组合中看到某只股票有很好的表现，我会给该股波动时间和空间。但如果股票没有及时升值或看起来已经到了末期，那么现在可能是将资金重新分配到更有希望的候选股的时候了。

把你的投资组合想象成一个花园。你拔除杂草并给花朵浇水，呵护你希望成长的东西，摆脱那些只是消耗资源的不必要的东西。你会发现，你的投资组合中的一些股票不是你希望的那些“花”。相反，它们看起来更像杂草。这并不意味着股票已经触及了止损线，它可能只是待在那里，什么都不做。随着时间的流逝，你必须考虑如何更好地投资于有意上涨的股票。

二换一原则

如果6只股票中有4只股票表现良好，但有2只股票表现平平或表现不佳，就可能到了重新分配资金的时候了。为了做到这一点，你不必完全把这两只表现最差的股票彻底卖掉。相反，你可以只是减少它们的头寸。例如，你可以卖掉两只表现不佳的股票的一半的头寸，然后在更有希望的候选股中买入一个完整的头寸。你通过卖出两只股票中每只股票一半的仓位，筹集资金为你的新股票的完整仓位做好准备。

假设你持有5只股票，每只股票占投资组合的20%。如果A公司和B公司表现最差，你可以将这两只股票持股比例从20%降至10%。合并后的20%（A和B

的 10%）可以投资于另一只股票。通过重新分配你的资金，你正在播下“新种子”来翻新花园并保持收益增长。

不要太早卖出领头羊股票

如果在一个新的牛市开始阶段，你已经买入了已经率先启动的股票，那么在上涨之后保持一些仓位则显得尤为重要。你不会想只是因为有了利润并且想买入其他股票而太快地卖出这些股票。有时候，要买的最好的股票是你已经持有的那些。你可以卖一部分表现强劲的股票，锁定一些利润，再投资一家新的有前途的公司。同时，你其余的那部分股票则可以继续持有，让你能从后面更大的上涨中获取更高的收益。

特别是在新的牛市开始时，即使股票已经有了强劲的上涨，它也可能还有很大的上涨空间。在新的牛市开始的时候，你不应该放弃领头羊的全部仓位。在新的市场上涨趋势中走出来的股票往往是未来表现最好的股票。我通常会持有我原来仓位的 25%～50%，以便在这些领头羊中取得更大、更强劲的上涨。

不要弄巧成拙

当你卖出一些股票并将资金重新分配给其他股票时，你不想让自己在每只股票上的比例太低，让你的组合过度分散化。这时你没有做到分散化，而是反而有些弄巧成拙。此时你不仅难以跟踪大量股票，而且因为每只股票的头寸都很小，而破坏获得明星业绩的潜力。底线是：如果你过度分散化并依赖分散化进行保护，你将永远无法实现明星业绩。要了解如何在正确的时间精确地集中最好的买入名单，然后聪明地使用止损将自己保护好。

而另一个极端则是过度集中，例如在投资组合中将 75%甚至 100%都放在一只股票上，带来的最大危害之一是潜在的灾难性的负面事件。例如股票突然陷入困境，固然巨幅跳空 50%的可能性很小，但也确实发生过。当股票下跌到这个程度时，你的 5%或 10%的止损是毫无价值的，因为股票价格已经穿透止损线，你只能以下一个最优价格将股票卖出。在今天收盘后到第二天开盘前，你拥有的只是让人窒息的紧张氛围。你的投资现在只剩下 50%了！你可以说：“我只是在等待股价回来之后再卖掉它。”但是你不能保证它会回来，这增加了额外的风险。如果一只股票下跌了50%，而你把80%的投资组合投入了这只股票，那么你刚刚就失去了40%的本金。这将花费大量的时间和艰苦的工作来弥补，只是为了能够恢复盈亏平衡。

如果你遵守我关于头寸大小的准则，并且在任何一个交易中的股票风险只有1.25%～2.50%，你就不必担心股票会把你摧毁。即使你有25%的仓位，股价下跌50%，你也只会亏损 12.5%。诚然，这将严重影响你的股票收益曲线，但这是可以恢复的水平。

以下文字值得读者反复阅读：*成功交易的秘诀是赚取可持续的利润，当把可持续的利润串在一起时，最终将会得到很大的回报。这是通过战术和智慧做到的，而不是通过过大的头寸冒过大的风险赌博得来的，因为那样的话，一个巨幅的亏损就可能让你的账户无法恢复。*

正如我之前所说，这就是为什么说知道你的交易的真实情况（比如你的平均无损、平均收益和平均正确率）是非常重要的。面对的这些数字与你的自负无关，也不是让自己对你过去的表现感到好或坏。你要处理现实，特别是当谈到头寸大小的时候。*应该把你自己的投资结果数字作为工具，并通过根据自己的表现计算应该采取的风险，来磨炼你的优势。*

确定每笔交易应该承担多少风险的重要因素之一是你的平均亏损。让我们假设你的平均亏损，不是你最大或最小的亏损，为5%。此外，让我们假设你的“平均正确率”，即正确与失败的比例，是50%，这意味着每两笔交易你赢一笔、输一笔。另外，假设你的平均收益率是10%。有了这些统计数据，要想计算你的头寸大小，就只剩下解数学方程了。你可以使用“最佳 F 值”或者凯利公式（Kelly Formula）来计算最佳头寸的大小。

如果你解出数学公式得到了最佳头寸的大小，你将会了解到：作为一个 2:1 的交易者，在数学上，你的最佳头寸大小应该是25%（即4只股票平均分配）。因此，一只赢家股票将为你的投资组合做出真正的贡献。跟踪4家、5家或6家公司，把它们了解清楚比追踪15家或20家公司要容易得多。如果你持有大量的头寸，当市场运行对你不利时，很难收回现金，迅速行动。应该通过分散化来降低风险，而不是遍地撒网。应该将你的资本集中在最优秀的股票上、一个相对较小的股票群组里。

为了让读者对这个话题有进一步的感官，我来说一个我自己的投资实例。我曾经有很多时期把我的整个账户控制在只持有四、五只股票，这当然与我最赚钱的时期相呼应。是的，这是风险。但是，我可以通过适当的头寸调整与止损线控制来平衡这种风险。如果我严格遵循自己的选股标准，并为投资组合选择最佳股票，那么很难找到很多值得我列入精英组的公司。记住，分散化并不能保护我们免受损失，太过集中则会使我们面临毁灭的风险。我们的目标是找到最佳头寸。

第 9 章

卖出并获利了结的时机

如果你的股票自第二阶段上涨趋势开始以来出现最大的单日或单周跌幅，这几乎就是一个明确的卖出信号。

——Mark Minervini

这部分毫无疑问是这本新书中最被热切期待的章节之一：何时和如何卖出股票。当我写第一本书《股票魔法师——纵横天下股市的奥秘》的时候，我有很多的内容想要覆盖，但由于书的篇幅有限，我必须艰难地做出一些选择，决定对哪些主题进行详细探讨。本章讲述的就是在我的第一本书中仅泛泛介绍的内容之一。因此，读者应该把我的书作当作一个“系列丛书”来读。

在前文中，我们讨论了在被止损的情况下卖出。在第 1 章中，我们强调了那些在你卖出股票前就出现异动的“违规情况”，这时即使没有达到止损线也应该及时脱手。股票在盈利的情况下卖出止盈，并将不菲的收益落袋为安则是一个完全独立的话题。在本章中，我们将研究如何及何时获利了结。

当开始第一次交易时，我全力以赴地学习何时以及怎样买入股票。我的大部分努力都花在了基本面和技术分析上，我不断精进我的选股标准，直到我有信心可以把自己辛苦赚来的资本放在股票投资交易中。接下来的挑战是学习如何减少亏损并降低风险，一旦我开始买入股票，我就面临着损失本金的风险。我必须学会如何有效地管理这种风险来保护自己的账户。最后，我才开始赚取体面的利润，也就是在那时，我发现了自己的投资计划中的漏洞。我在股票选择上花了这么多时间，并真正获得了安全边际，但我对于卖出时机及处理巨大利润方面却一无所知。

我从来没有想到这将成为一个问题。我想，一旦我终于在股票中获得了可观的利润，我就会卖掉它。但是，随着我的选择标准越来越好，我所获得的盈利越高，这些盈利的压力就越大。这多半会令人惊讶，因为常识是盈利会减轻压力。如果有盈利，应该高兴才对吧？与交易中的一切一样，卖出本身就包含着压力。获利了结并不像看上去那样容易——它充满了情感，而本章将就以上问题展开讨论。

获利卖出的情绪

交易中最常出现的犹豫时刻之一就是何时卖出。卖得太早，你担心会错失未来的利润；卖得太晚，你会后悔回吐了你的利润。恐惧和后悔两种情绪导致犹豫不决：我应该卖掉吗？我应该持有吗？如果我卖出太早或太晚怎么办？这些“卖方”的恐惧与你买股票之前的感觉没有什么不同：我现在应该买吗？我本应该在昨天买吗？我应该等一下再买吗？

事实上，控制这些情绪并防止这些情绪破坏你的成功的最好方法就是建立良好的交易规则。否则，你总是会陷入自我兴奋和怀疑的交火状态中。

有两种基本的卖出场景。第一种是在股票向你预期的交易方向发展的同时强势卖出，此时买家是充足的。如果你有一只股票表现很好，就可以借助买家的力量将股票强势卖出。这就是专业投资者的卖出方法，特别是在他们有较大仓位需要卖出的时候。当你有大量的股票需要出售时，流动性就是一个需要关注的问题。那时你只能在可以卖出的时候卖出，而不是在你想卖出的时候卖出。

大多数个人投资者都不存在这个问题，然而你仍然想要学习如何强势卖出。为什么？因为你不想给股市一个可以破坏并回吐你的一大部分盈利的机会。你可能希望等到出现明显迹象表明股票已经走弱的时候卖出。但是如果你这样做，通常情况下你会发现更早地出售结果会更好，因为那时通常都能以一个更有利的价格成交你的卖出单。

第二种场景是弱势卖出。你的股票首先取得了不错的上涨，但现在价格上升势头正在减弱，此时你需要在股票转向下跌的时候保护自己的收益。这可能会发生得很突然，并且在很多情况下要求你有非常迅速的反应。

这两种投资计划都以“鸟瞰视角”开始。

时刻对图表保持关注

在我的第一本书中，我花了大量时间解释了我如何从“鸟瞰”的视角到微观的视角看待交易。我首先识别可以交易的股票，然后再确定我的买入点。我从长期的趋势开始，找到对自己有利的趋势，然后是该股票目前的图形和基本面。之后，我变得像外科医生一样追求精确，研究股票过去几天的价格和交易量的行为。所有这一切，使我得出我应该进入股票交易的具体时点。

谈到卖出，这是一个与买入类似的过程：你需要有一定的视角，从大局开始。在鸟瞰图之下，你开始了解当前的价格行为。没有这个视角，你就有成为恐惧和情绪化的牺牲品的风险。你会对自己说，“如果我现在卖，但其实卖得太早了怎么办？”或者，尝试挤出每一分钱的利润，但事后开始后悔：“唉，为什么当时没卖掉呢？”如前所述，此时恐惧和后悔情绪主导着你的交易。

除考察长期趋势和目前的图形模式之外，你还需要根据自己的个人统计情况制定一些指导原则和规则。这些目标虽然不能做到每次都非常完美，但至少可以给你一些想法，指导你应该在哪里锁定利润来保持收益边际。

例如，假设你设定了 8%的止损来控制你的风险（你以每股 100 美元的价格购买股票，并以每股 92 美元的价格设定止损）。在这个例子中，如果股票上涨了 5%或 6%，每股价格达到 105 美元或 106 美元，你要卖掉吗？对很多人来说，答案是肯定的。为什么？因为他们恐惧。小有盈利就足以让他们乐于卖出。他们抓住了 5%或 6%的收益，甚至不去考虑收益/风险比是否合适。但是，为什么 8%的风险只能赚到 5%或 6%呢？这是一个很好地展示了未经真正论证就过早卖出的例子，后面他们应该会后悔。

重新考虑设定 8%的止损的例子，股票从没接近止损线。相反，它从每股 100 美元上涨到每股 105 美元，然后从每股 110 美元升至每股 125 美元。现在是时候卖出吗？在没有规则的情况下，你可能会变得自满并说服自己，这 100 美元的股票说不定能达到 150 美元，甚至 200 美元。恐惧再一次驱使你。这一次是对于错失机会的恐惧，它让你变得过于贪婪。你不想为“多持有一段时间‘本来可以’得到的利润”而后悔。你说服自己，股价仍在长途跋涉向上走，它一定是双倍或三倍股（又一次，没有观察，也没有考虑数学）。每一个更高的柱状都是凭运气，而你除这只股票“能涨多高”之外，无法考虑其他的任何事情。

然而你没有意识到的是，这只股票不是第一阶段上涨。事实上，它已经处在上涨趋势的最后阶段，即将崩溃。第一个下挫是尖锐的，从每股 120 美元到每股 108 美元。现在你恐慌，但你说服自己，一旦它涨回来，你就会卖掉。但股价再也没有回到每股 120 美元。股价一直在下降，而你继续徘徊在日渐渺茫的向上逆转的希望中，直到你放弃并以一个很小的利润卖出，或更糟的是，在亏损的情况下卖出。

直言不讳地说，恐惧会使你变得愚蠢。害怕失去前期的小利润，你会卖得太早；害怕没能赚到所有的钱，又会让你持有太久。你被自负束缚在这里，因为你想“正确”。具有讽刺意味的是，这反而会增加你犯错的概率。

数底部

知道什么时候和在哪里卖出需要分析，就像你买股票时需要精确地找到建仓点那样。影响卖出决定的一个重要因素是股票在自己的周期内所处的位置，评估这一点的方法之一是以“数底部”来帮助你确定股票是否处于上升的早期阶段或后期阶段。这非常重要，因为它将有助于你了解有关股价继续移动的可能性，或者你是否应该需要进一步观察其他更具体的卖出信号。

如果股票处于价格上涨轨道的早期阶段，你应该给予该股一些时间让它全面推进。你可能已经买入了一只重要的领头羊股票，正准备开始一次巨大的推进。在这种情况下，你会多给它一些时间，让它成为更大的赢家。或者，市场可能处于牛市晚期，你的股票也处于上涨的最后阶段，你看到的强大动作都是股票崩溃前最后的喘息。后期股票的处理方式与早期的完全不同。但是，除非你学习图表并了解相关的重要内容，否则你不会知道股票到底处在其生命周期中的哪个位置，以及不同阶段的差异。

借鉴我第一本书中的解释，股票价格在其生命周期内的运动就像一座山的轮廓，从平地到山顶，再次回到平地。随着海拔的上升，有高原，这是价格上涨暂停或休整的地方。如果这是一座真正的山，这些高原将是登山者安营扎寨、建立基地休整和充电的地方，而这也正是股票价格行动时的情况。

上涨后，有一些人会获利了结，这将导致股价暂时回落。这一行为导致股票下跌，并建立基底——短期的暂停，让股票消化其以前的涨势。如果股票真的处于上涨的中间位置，长线买家超过短线交易者，长期上涨的趋势将会恢复。

超过 90%的大幅上升动作出现在市场调整之中。这是一个黄金阶段，让你能买入从早期基底向中间基底突破的股票。熊市下跌结束，最初的高原成为第一大基底。当股市在市场调整后出现第一个基底或第二个基底时，通常是购买并进入新趋势的最佳时机。第三个基底和第四个基底也可以起作用，但在周期中已经偏后，更应该被视为交易机会。第五个基底或第六个基底是非常容易出错的，应该被视为在价格突破后被延长的卖出机会。有时，后期的基底可能会令人兴奋，因为股票可能经常会在后期阶段出现“爆炸式”上涨。但这些是最难卖出的时期，因为股票在飙升，似乎没有终点。

请记住，后期的基底会越来越明显，而基底越明显，堆积在股票中的人就越多。他们都是潜在的卖家。我会把这种情况称为“拥挤”的交易。正如股市常说的，“股市中显而易见的东西都是错误的”。随着股票变得拥挤，所有的目光都集中在上面，因为它已经取得了很大的涨幅，投资者过去曾看到多次基底都起到了作用，这吸引了信息滞后的投资者。早期的“聪明的钱”现在正在寻求退出并锁定利润，并将股票扔到散户的手中。这种卖出或清算发生在股票出现在头条新闻里的时候，每个人都兴奋异常，这就是为什么大多数投资者都看不懂的原因。

Deckers Outdoor

2006 年 9 月 12 日，Deckers 户外公司冲出第一阶段的基底；在 15 个月里上涨了 260%以上（见图 9-1）。截至 2008 年 12 月，可以看到股价在周 K 线图上经历了四个可辨认的基底。此时，该股已经进入了上涨的后期阶段，并从第四个基底出来。但是，如果你没有计算基底，你可能会错把后期的基底当作早期基底对待，第五个和最后的基底明显宽松，容易失败。这是证明股票处在第三阶段的顶部的明确证据。当第五个基底突破失败并且股票开始拐头时，你应该在那之前已经卖出了股票，或是开始激进地卖出。

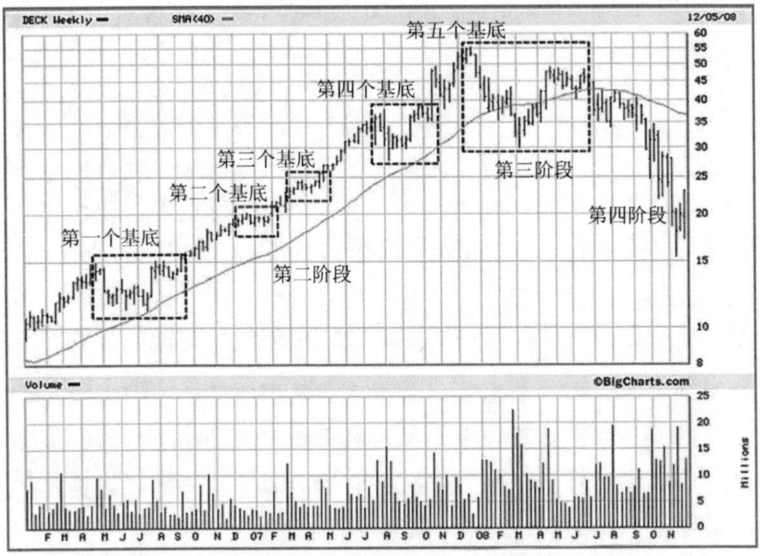

图 9-1　2006—2008 年，Deckers Outdoors（DECK）股票在第二阶段的上涨中形成了四个不同的基底，该股在 2008 年年末遭到抛售，进入第四阶段开始下跌

市盈率扩大

我很少关心市盈率（P/E）。通常，我买入的成长股已经很“昂贵”了，原因很简单——强劲的增长。所以我不会被高的市盈率吓到，反而把它当作一个公司快速成长的特征。事实上，当股票的市盈率非常低的时候，我反而会觉得更麻烦，因为它可能暗示公司有什么严重的问题。

然而，有时候市盈率可以为我提供帮助。除关注基底数量之外，股票的市盈率也可以为我们提供股票处在其生命周期中的位置信息。具体来说，市盈率可以告诉我们上涨是否已经达到了末期，进一步上升的势头是否可能已经耗尽。以下是我将市盈率与基底相结合的方法。

当买入股票时，我会把所买股票的市盈率记录下来。现在假设我已经持有这个头寸一年了。在此期间，股票经过两个、三个或四个基底。如前所述，这是股票在价格进一步上涨前对之前的涨幅进行消化从而进入“高原”期间。当股票进入后期阶段时，比如进入第四个基底或第五个基底，我会再次记录市盈率，并将其与买入时的比率进行比较。或者，如果我在后期基底期间买入股票，我会将目前的市盈率与第一个基底的市盈率进行比较。如果这个市盈率已经翻了一番甚至更多，比如从 20 倍到了 40 倍，我就知道必须要小心了（见图 9-2～图 9-4）。比较的原因如下。

市盈率的分子是股票当前的价格，分母是净利润。随着公司的成长，我们预计股票价格将是其净利润的数倍，人们现在因为预期未来盈利有所增长而买入公司股票。但随着股票变得越来越受欢迎，现在公司名称已经出现在每个人的雷达上，其价格可能远远超出公司实际能够用净利润匹配的水平。特别是在早期阶段，由于净利润（分母）的增长速度快于股价加速，所以即使价格走高，市盈率也会下降或保持平稳。但当股价加速远远超过实际利润时，你将看到市盈率的扩张。

市盈率的绝对值大小并不重要，最重要的是市盈率之间的比较。*我所关注的是股价在盈利之前启动，让市盈率扩大到起涨点的两倍以上，特别是根据基底数量得出股价也已经处于后期阶段的时候。*如果事情真是这样，我就会开始仔细寻找那些卖出信号了。

同样的分析方法在决定是否应该买入股票时也非常有用。如果你从股票回调后的基底开始数起，比如两年前开始数起，并看到它经历了五个整合期，而市盈率翻了两倍甚至三倍，你应该非常谨慎地做出买入决定，因为股价可能已经没有什么上升空间了。

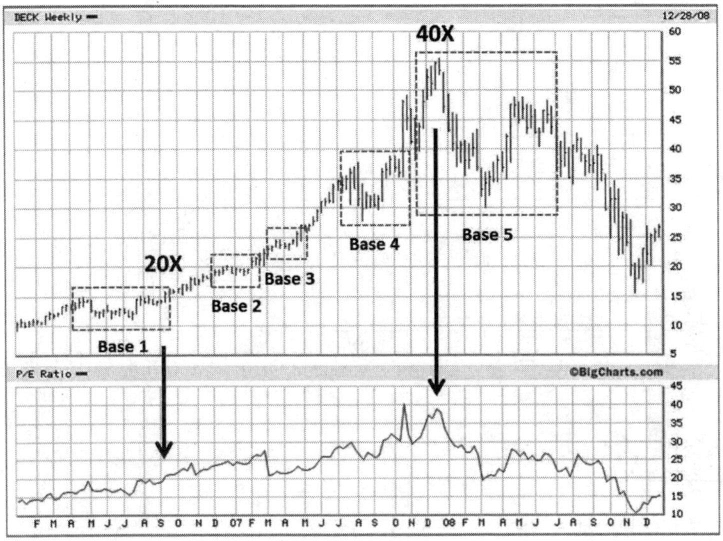

图 9-2　2006—2008 年，Deckers Outdoors（DECK）股票的走势

图 9-3　2013 年 9 月，Lumber Liquidators（LL）股票的走势

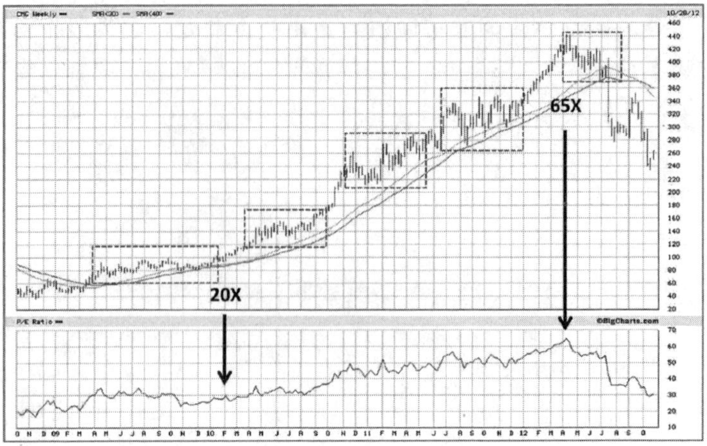

图 9-4　2012 年 10 月，Chipotle Mexican Grill（CMG）股票的走势

巅峰的顶点

许多领先的股票都会在加速上涨或通常被描述为达到“巅峰”或“爆炸的顶点”后股价触顶，大的股价涨幅将要像这样走到终点的原因是大型机构需要买家吸收他们持有的大量股票。结果就是，随着股价从强势的专业投资者向弱势的散户转移，价格上涨。当买家较多的时候，清算就开始发生了。最终，大型机构的交易量压倒了散户的胃口，股价下滑。如果你等到这种情况发生就已经晚了，这时你可能就需要回吐一部分利润了。最好能学会如何发现巅峰，并在途中出售。这将有助于你锁定相当可观的利润，避免发生损失大部分收益的常见错误。

领先的股票几个月来一直保持了良好的涨幅。在这期间，价格上升，并且增速不断加快，价格线比之前任何时候都更加陡峭。当这种情况发生时，你应该在上涨中出售股票，并将其中的一部分（或全部）利润锁定。股价在 1～3 周内涨幅达 25%～50%或更高时，会达到巅峰的顶点。有些公司的股票可以在 5 或 10 天内升高 70%～80%。

20 世纪 90 年代，Qualcomm 到达了当时最高的巅峰（见图 9-5），该股票为投资者提供了两个绝佳的卖出机会。第一个是 1999 年 11 月，股价在 9 天里上涨了 80%。然后在 12 月份最后一轮爆发虽然只持续了 6 天，但股价上涨了 73%。在短短两个月的时间里高通的股价飙升了 260%，然后在两年半时间里下跌了 88%。

亚马逊也有过类似的模式（见图 9-6）。

图 9-5　1999 年，Qualcomm（QCOM）股票在两个月里上涨了 260%，达到了巅峰的顶点

图 9-6　1999 年，Amazon.com（AMZN）股票以史诗般的风格突破：在短短 6 天内涨幅达了 97%。之后股价下跌了 95%，从每股 100 多美元下跌到每股 5.51 美元，经过 10 年时间才恢复到原来的水平。

特别要注意的事项：强势卖出

假设你以前买的股票现在处于晚期阶段，正如你通过计算基底数量确认的那样，此外，通过市盈率可以看出，股价上升的速度远远超过了盈利增长。另外，该股票距离最近的基底已经很远了（这是“延长”）。现在是时候更加细化，寻找非常具体的卖出信号了（见图 9-7 和图 9-8）。

首先计算股票收高的天数（上涨天数），以及收低的天数（下跌天数）。这很重要，因为在价格上涨期间，你将特别容易受到自己情绪的伤害。例如，晚期阶段可能会在股价加速上涨、似乎不会下跌的时候突然达到顶点。当你看着股票不断上涨、自己赚的钱越来越多时，你很难头脑清楚地考虑卖出。

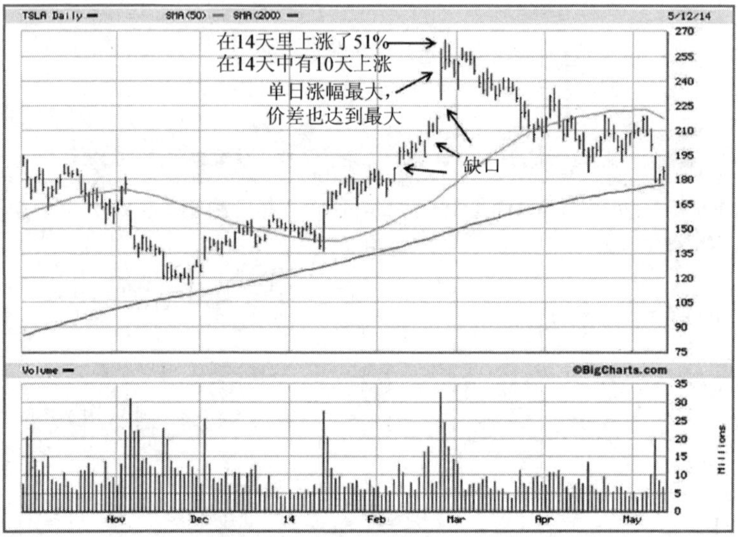

图 9-7　2014 年，Tesla Motors（TSLA）（特斯拉汽车）公司在 16 个月内股价涨幅达到 9 倍以上，经历了巅峰；股价在短短 30 天内翻了一番。过去 14 天来，股价出现了三个缺口并上涨了 51%；14 天中有 10 天股价都是上涨的

当你算出上涨与下跌的天数时，你会开始看到上涨的天数战胜了下跌的天数。也许 8 天中有 6 天上涨，然后几个星期后，11 天中有 8 天上涨。在 7～15 天的时间内，寻找上升天数占比达到或超过 70%（例如：10 天内的 7 天上涨）的时期。作为一般的指导方针，一旦股票延长，寻找 6～10 天的加速上涨并只伴随 2 天或 3 天的下跌。此时，股价可能被认为高于基底。现在，你需要寻找自行动开始以

来上涨最多的一天和日差价最大的那一天。最后一波上升的动力通常表明上涨已经结束了，很多时候这种情况发生在股价触顶的那几天。你也应该寻找最近的疲软缺口，这是表明股票可能很快就会崩溃的另一个迹象。当你把所有这一切都放在一起的时候，就知道到了需要强势卖出的时候了。

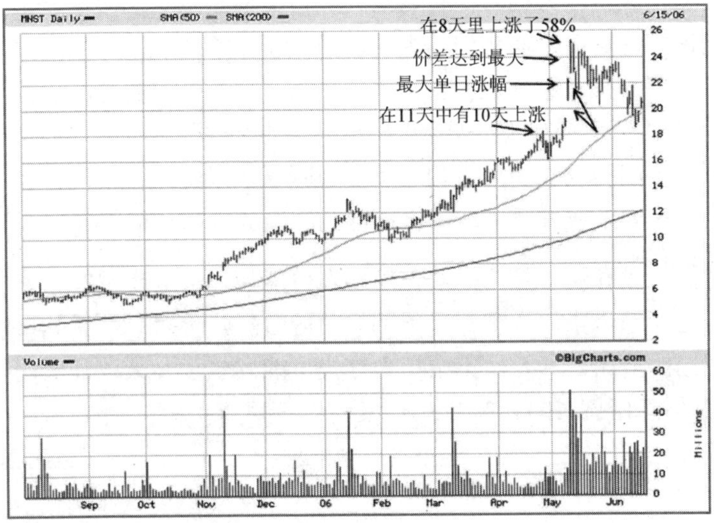

图9-8　2006年，Monster Beverage（MNST）股票在9天里上涨了8天，并经历了若干缺口，在8天里涨幅超过了58%

注意以下警告：

- 第四个基底和第五个基底的新高。
- 在后期阶段的价格移动中，P / E扩张两倍以上。
- 冲顶性的上升或爆发（价格在1～3周里上涨了25%～50%或更高）。
- 被延长的股票，在7～15天内上涨的天数占比达到或超过70%。
- 一旦股票延长，6～10天的加速上涨并仅伴随着2或3天的下跌。

此外：

- 从长趋势的股价波动开始，寻找上涨幅度最大的日子。
- 从高到低寻找日内振幅最大的股票。
- 寻找最近发生的疲软的缺口。

关注放量反转信号

考虑这种情况：基底数已经让你确认股票进入了后期阶段，在 11 天内上涨了 10 天。当你寻找特定的卖出信号时，请特别注意涨幅最大的一天，同时需要寻找交易量最大的一天。当天的价格行为是什么？交易量放大的时候股价收跌了吗？如果确实是这样，那么你看到的是大的投资者正在清算头寸。从这一点上说，如果你还没有出售，那么你应该尽快动手了。请记住，清算总是在股价上升的时候发生。大型机构投资者会在一切看起来都很棒的时候强势卖出，但这样大的供应最终会压倒散户的需求。当大机构想出货的时候，股价可以下降得飞快、剧烈。当你看到股价大幅度拉升时出现了不正常的消极的价格波动，一定要注意了！

很多时候，尽管不总是这样，在股票有可能崩盘前会出现警告信号。当你的股票在价格上涨趋势中，大多数日子都收高的时候，你可能会感到自满。这时你应该冷却自己的情绪，并开始集中精力寻找可能发生了一天或几天的特定的卖出信号（见图 9-9 和图 9-10）。包括：

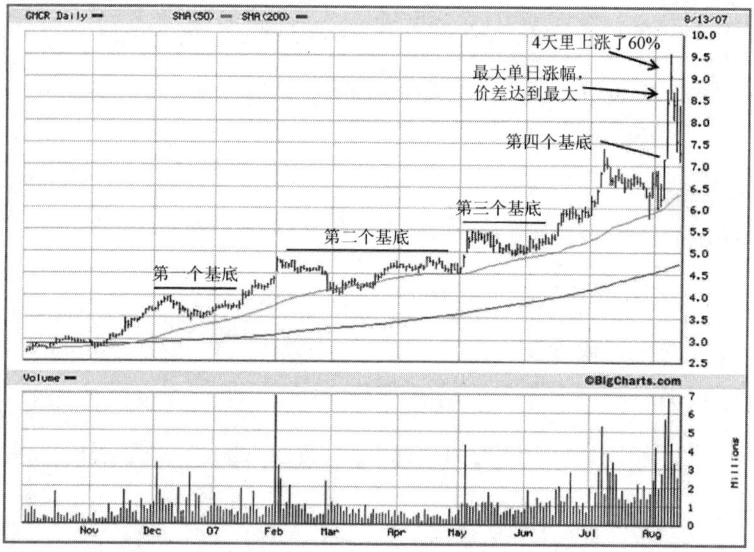

图 9-9　2007 年，在股价大幅上升后，Green Mountain Coffee Roasters（GMCR）股票出现了经典的疲软的“卖出信号”

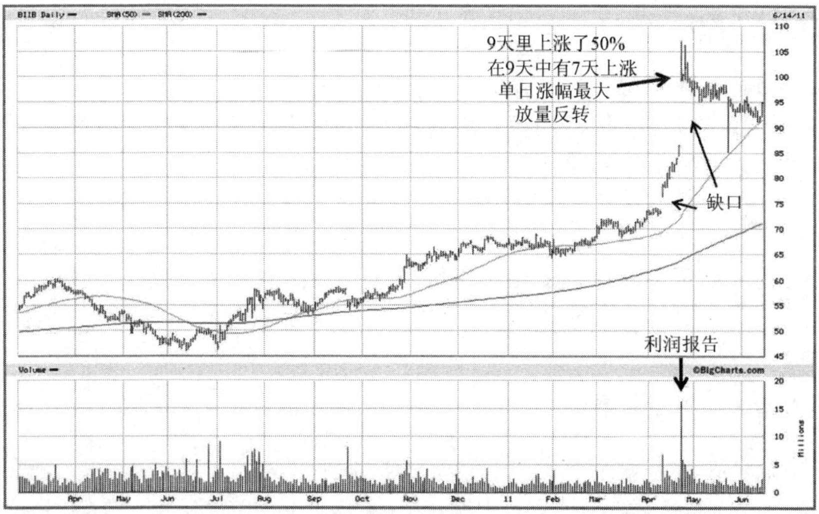

图 9-10 2011 年，Biogen（BIIB）股票在强劲地向上运行之后，汇集的卖出信号产生足够的负面因素，阻止股票上涨长达 6 个月

- 放量反转。
- 交易量放大但价格不涨——“搅动”。
- 股价自走势开始以来在交易量最大的一天出现下跌。

弱势卖出

当你的股票经历明显的弱势时，你的自负可能会告诉你要坚持。“我会等到它涨回来。”你对自己这样说。但是，这些信号不应该被忽略。一旦你开始看到警告，要告诉自己持有的股票是延长并且脆弱的，继续持有只会让自己暴露在不必要的风险和潜在的气穴（价格急剧下降）之中。危险之处在于，股票很可能快速地从高位跌落，并且交易量放大。

当这种情况发生时，重要的卖出信号就出现了，因为大机构正在争相离场，你无法对抗机构海啸般的卖出。有时在“好消息”之下（如最新披露的收益报告），也会发生这样的事情。似乎好消息和大幅度抛售之间的差异常常使投资者混淆，越来越分不清。他们不知道为什么股票下跌，因为他们觉得股价本应该上涨。如前所述，这可能是发生了“差异披露”。

在公司基本面出现变化并显而易见之前，股价可能伴随着交易量的放大出现大幅下挫。即使是在看似好的盈利报告或新闻项目之下，这也不可能是个打折买入的机会，不要听公司或媒体的，要跟着股票的指示来交易。

在基本面问题变得明显之前，价格行为将会发生重大变化。即使看不到观点突然转变的任何理由，这种变化（指价格行为）也应该得到重视。收益可能看起来还不错，故事可能仍然是完整的。然而在大多数情况下，现在离手并且在之后再问问题，会比持有股票等待发现问题的真相要好，因为只有等到股价大幅下滑之后，真相才会浮出水面。

无论你做什么，都不要以为股票大跌是一个买入的机会。许多投资者都陷入了这个陷阱：他们持有的股票价格突然大幅下滑。在相信市场犯了错、股票仍然是一个好股票之后，他们决定是时候继续加仓买入了。他们没有意识到股价下跌是因为大的玩家们知道（或至少怀疑）有什么不对劲，正在出货。当你看到这种情况发生时，就要知道现在是退出的时候了。这种卖出信号可以在没有警告的情况下发生，或者在许多情况下，你会看到大量的利空事项开始堆积。如果你没有勇气早日强势卖出，那么你现在最好能聪明地选择出售。

股票的触顶形态在每个案例中都不尽相同，例如，股票交易量不一定在最大下跌日达到最大值。有时候最大的下跌日交易量已经放大，但不是最大的。准备好注意细微之处，特别是在后期阶段的演变。股票可能不会放量下跌 15%或 20%，也许只下降了 4%或 5%，但是这个数字是自上涨开始以来最大的。如果再伴随着其他利空事项的发生，那么绝对是一个重大警告。

DryShips Inc.（DRYS）在股价进入最后阶段并触顶的时候发出了几次警告，之后股价跌去了 99%（见图 9-11）。股票在 11 天里上涨了 8 天，之后 8 天又上涨了 6 天，其中有一次是自上涨开始以来涨幅最大的一天。然后，自股票大幅走高开始算起，最大的交易量出现了，当日股价也出现逆转。最后的卖出信号来自 2007 年 10 月 30 日，股价在巨额交易量下出现最大跌幅。另外，Lumber Liquidators 公司也遵循类似的模式（见图 9-12）。

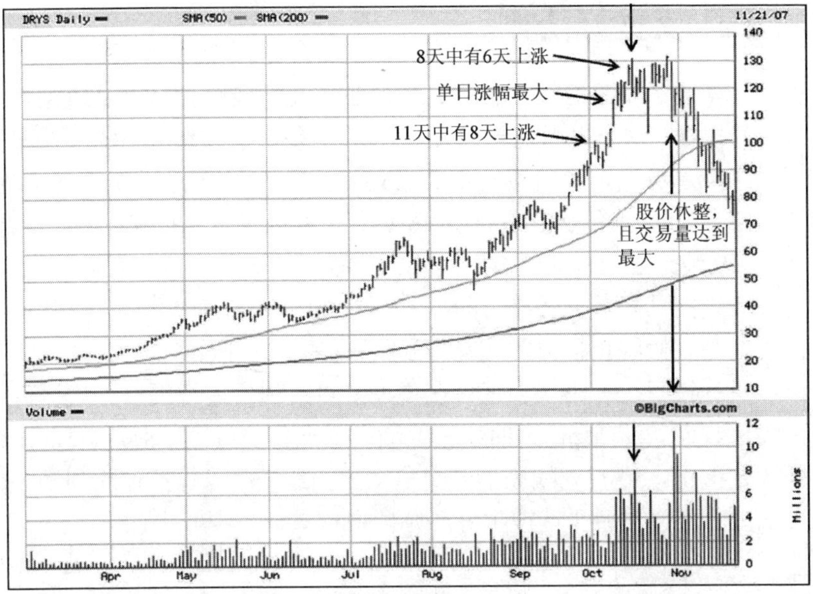

图 9-11　2007 年，DryShips（DRYS）股票显示了大量经典的卖出信号，之后下跌了 99.8%

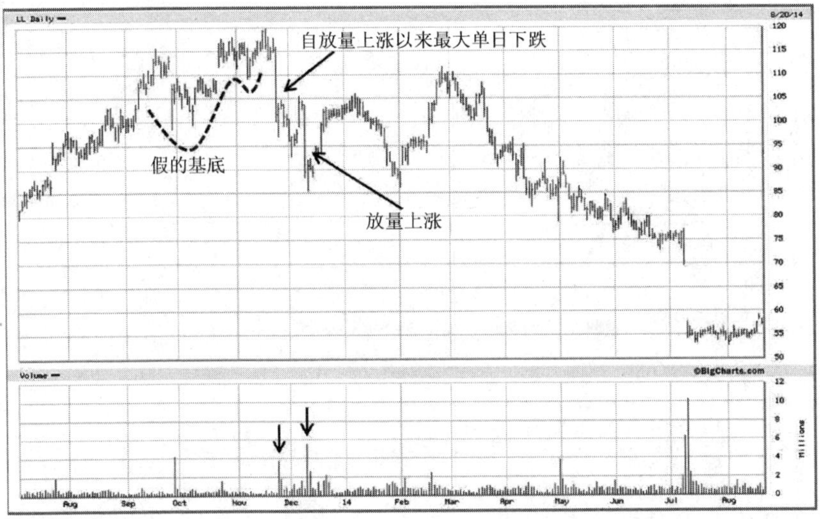

图 9-12　2013—2014 年，Lumber Liquidators（LL）股价在 2013 年 11 月份突破，试图从一个错误的晚期基底突破。5 个交易日后，股价出现最大幅度的下跌，并且是放量下跌

盈亏平衡或更好法则

当你查看卖出的情景时，应该考虑使用移动止损策略，特别是遵循“盈亏平衡或更好”的规则。这个规则基于 50 日均线，这是一条在许多关键领头羊中发挥重要作用的中期趋势线。我们假设股票 XYZ 是从一个基底出来的，你以每股 50 美元的价格买入，以 8%的幅度在每股 46 美元价格处设置了止损。股价随后走高，上涨了 5%、10%甚至 15%而没有触发你的止损线。股价上涨的时候，50 日均线最终也将开始走高。随着上涨趋势的继续，50 日均线将达到每股 50 美元的盈亏平衡点。现在是时候将止损位置提升到 50 日均线了（见图 9-13）。我喜欢在它之下，接近它进行设置，有时我会试着在星期五对止损线进行调整，这样可以看到整周股票如何收盘。随着 50 天的涨幅上涨，赶上你的盈亏平衡点，50 日均线现在就是新的止损线。50 日均线成为一个移动止损线，用以保护你的利润，这就是我们为什么要称之为盈亏平衡或更好法则的原因。

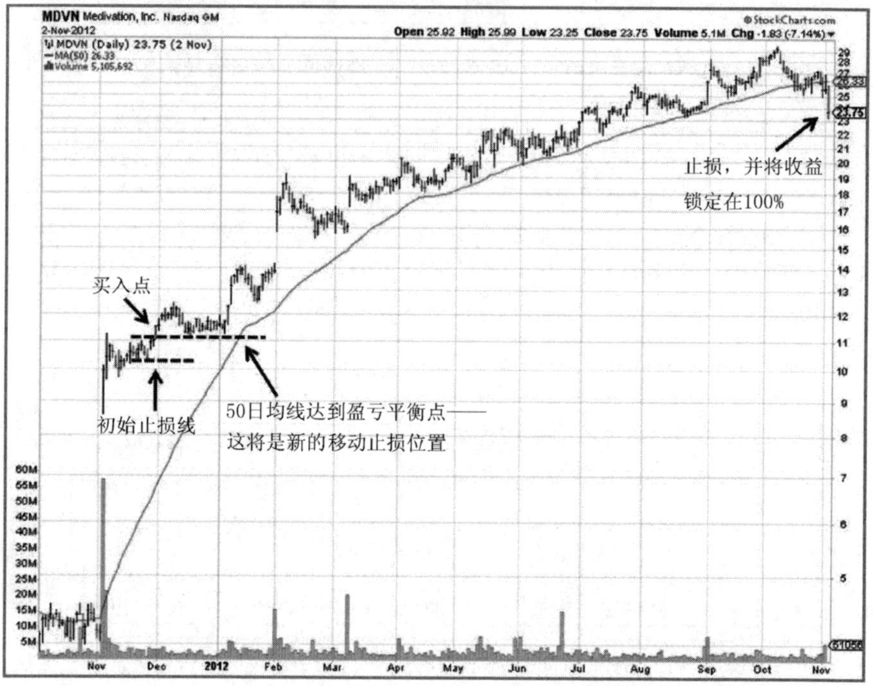

图 9-13　2011—2012 年，Medivation（MDVN）股票的价格走势

在牛市的后期阶段，你会想强势卖出并获利了结。然而，这一法则对于牛市的开端更有作用，因为随着股票开始上涨，移动止损可以帮助你处在交易之中，不错过股价的上涨。一些领头羊在触及 50 日均线之前可以涨得非常高。

自由发挥

一旦股票上涨到你止损线的 2 倍或 3 倍（2R 或 3R 交易），它就给了你很大的灵活性。此时，有几件事可以做。假设你对新购股票止损设置为 7%，股票在接下来的一两周内上涨了 14%。你的第一个选择是出售一半，把你的止损转移到盈亏平衡点。你现在可以让后半部分自由发挥，剩余股票的最差情况也就是盈亏平衡，你的利润仍然可以维持在 7%。

第二个选择是出售一半，保持原来的 7%的止损。又一次，你可以让股票自由发挥。最差的情况就是整个投资不亏不赚，但同时给了股票足够的空间在你的止损线以上波动，你在用上一半的收益弥补下一半的风险。当然，你也可以一股都不卖，持有全部仓位和风险，但我个人很喜欢让利润落袋为安的感觉。而且我总是试图让自己处于一个可以“自由发挥”的位置，以获得更多的收益。

后备止损

当你进入交易时，你的初始止损是提前确定的损失，比如，10%的止损（例如，你以每股 20 美元买入股票，并将其止损定在 10%，定在每股 18 美元）。随着股票的上涨，你获得了可观的利润，下一个合乎逻辑的保护点是你的入场价格或盈亏平衡点。第三个则是利润保护点，顾名思义，就是让你离开交易，落袋为安。我称之为“后备止损”。虽然这给股票带来了一些波动的空间，但它在沙滩上画了一条线，一条我不愿意让股票跌破的线。

后备止损不是移动止损，它不会随着股价上涨而提升。后备止损与移动止损的不同之处在于，因为它不会随着股价上涨而上调，其作用是保护你想要的利润，你可以设定止损线，然后允许股票在该水平以上波动。这可以帮助你保持交易而不是太早就卖出离场。随着股价上涨，你可以向上移动你的后备止损，并在沙滩上画一条新线，保护更大的利润。

我经常会将我的后备止损线设置在或高于我的平均收益水平上，因为我想至少要保持我的平均收益，并且最好随着时间的推移而逐步将其改善。另外，你需要知道你的交易真相，并了解你的个人数据。比如你的平均收益是 10%，你持有的股票涨了 20%。你可以将止损线和后备止损线都设置在 10%的水平，以获得更大的利润。或者你可以卖掉一半，然后对剩余股票进行后备止损线。有很多变化都可以尝试。

还有另一种情况：你的股票涨了 15%，这是一个让你相当高兴的百分比；如果股票涨幅更大，比如 20%，你很可能会卖出。但是第二天早上，股票出乎意料地跳空高开，涨幅比 20%还大，现在股价已经涨了 23%。将后备止损设置在 20%可以锁定你的原始收益目标，同时允许你查看是否在缺口之后还有后续上涨。类似这样的情形，我捕捉到了更大涨幅的股票，同时通过设置我的后备止损，让我能至少获得满意的回报。我这样设置过 5 美分或 10 美分甚至 1 美元或者 2 美元的价格，并获得了更大的利润，因为股票从来没有下降到我的后备止损线上。

你总会卖得太早或太晚

股票投资的目标是为你的资本赚取可观的利润，而不是尝试证明自己一直正确。也就是说，你不是要找到绝对低点和高点，因为这几乎是不可能的，更不用说想一直做到了。你的卖出时机不是太早就是太晚，起码有 99%的时间是这样。如果你持有一只以每股 20 美元买入的股票，看到它涨到每股 40 美元，然后下跌到每股 30 美元，你可能会恨自己没有早点卖出。然而，最令人沮丧的经历之一就是看你自己的股票暴涨，然后暴跌，回吐之前所有的利润，甚至更糟糕的是变成亏损。请记住，你的目标是让你的股票在赢家上面赚的钱比在输家上面亏损的钱更多，并且在获得可观利润的时候及时止盈。

通过前面的阅读你可能已经知道一些事实：你几乎永远不会卖在最高价格上，但是你并不需要这样做来实现明星业绩表现。不要为是否在最高处卖出或在最低位买入担心，而要关心自己交易的目的是什么——得到好的投资利润，并不断重复。我们的目标是卖出价格高于买入股票的价格，这与股价相对于其他时间所处的位置无关。

早期阶段的例外

在股票突破基底之后，你需要从其自然反应中寻找网球行为（见第 1 章的叙述），以确定是否可以持有更长时间。如果价格走势强劲、股价有弹性，可以给它一些机会来做出更大的移动。股票经过几次回调，然后回到新的高点之后，就是开始寻找价格远远超过自身的迹象，特别是股票在基底的后期阶段上升的时候，如果你是一个趋势交易者，你可能不需要到一个基底的后期阶段就要开始考虑卖出了。

第 1 章的讨论中包含 David Ryan 的 MVP 指标：当 15 天内有 12 天上涨时则表示突破强度，表明你应该持有等待更大的跃进。这可能与我所说的矛盾（如果有 70%的日子上涨，应该卖掉），听起来很令人费解。那是因为现在我在谈论的是一个后期的疲劳行动，而不是早期的突破性举动。

与其他任何规则一样，也有例外存在。在这种情况下，如果上述行为发生在市场调整后早期基底的第一次上涨时，就是一个重要例外（见图 9-14）。在这种情况下，这些行为是看涨的信号。这就是为什么你需要知道股票处在周期中的什么位置的原因。在后期疲软状态下给你卖出的信号，此时实际上释放了看涨的迹象，让你继续持有下去。要了解股票在其生命周期中的位置，并做出相应的回应（见图 9-15 和图 9-16）。

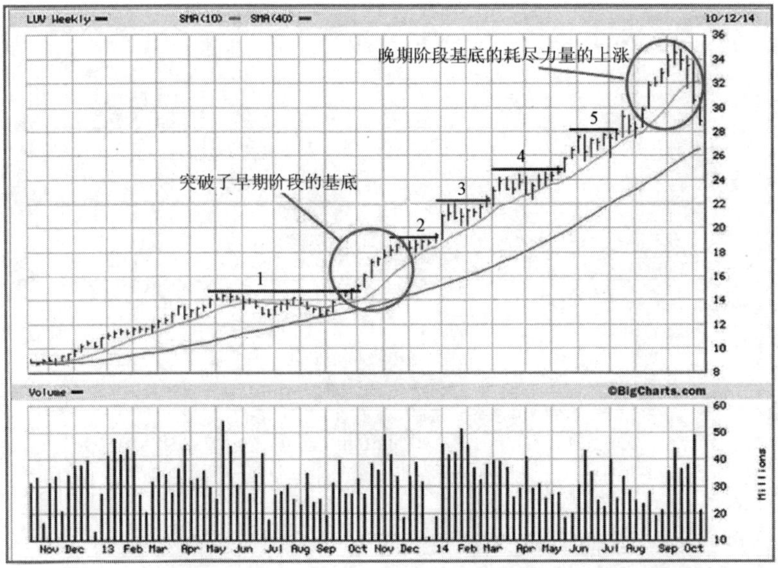

图 9-14　2013—2014 年，Southwest Airlines（LUV）股价在 11 个月里上涨了 127%

图 9-15　2004 年，WR Grace & Co.（GRA）股价在 55 天里上涨了 147%

图 9-16　1990 年，Amgen（AMGN）股价在 26 个月里上涨了 360%

知道何时及为什么卖出

虽然你的大部分焦点，特别是当你开始交易时，都自然会放在研究你的买入选股标准上，但也不要忽视应该在何处、如何以及为什么要卖出股票。就像你的买入准备一样，你的卖出也需要规则，无论你是强势卖出还是弱势卖出。制定触发卖出时间和地点的信号规则，你将根据坚实的理由做出决定，而不是让恐惧和后悔情绪主导你。

第 10 章

解锁明星业绩的 8 个关键

当你的交易变得有利可图并显示出可观的收益时，你要保护你的盈亏平衡点，或者至少提高止损线来降低风险。

——Mark Minervini

有一句古语说得好："你不能既把蛋糕拿在手里又把它吃了。"传统的观念想要抑制人们对生活中不可能事物的期望，但这种态度并不适用于股票交易。而"蛋糕"原则的推论是，除非你冒很大的风险，否则你就无法获得大的回报。很简单，这根本不是事实。

为了消除这种旧的、有限的思维，我为大家准备了解锁明星业绩，并且不需要承担太多风险的 8 个关键要素。4 个要素强调了上行原则，另外 4 个则是限制下行风险，以保护你作为交易员最宝贵的两项资产——你的资本和信心，它们共同构成了实现明星业绩所需要的核心。如果想在股票市场有大的回报，你必须学会如何完成以下两件事：第一，当你正确的时候赚大钱；第二，当你错误的时候避免大亏损。在这一章中，我将向你们展示如何做到这些。第一个警告：准备好挑战你的假设，准备好将自己的想法翻转 180 度。这种指导不是基于传统的智慧，事实上，它与大多数所谓"专家"的建议相矛盾。

产生巨额投资业绩的 4 个要素

关键 1：时机

大多数"专家"都说，在股票交易中你不能择时。这当然不对，你可以择时，我已经成功地做了几十年了。简单来说，时间就是一切，在生活和交易中都是。我们经常听到某人是在正确的时间出现在正确的地点，从而得到好运的。例如，哈里森·福特（Harrison Ford）在《星球大战》电影中扮演 Hans Solo 之前只是一个剧组的木匠。这是令人难以置信的突破，但这就是演员多年来为此提前付出的。

实现持久的股票成功与赢得彩票不同——彩票只需要选到"幸运"的数字，然后等着欢呼——要想抓住"正确的时间，正确的地点"的时刻，需要多年的辛勤工作。这样，当它们出现时，你就有足够的能力抓住机遇。这同样适用于交易。你不能在一天早上醒来以后，向一块板子上扔飞镖，以此挑选股票，并期望能始终如一地赚钱。高水平的交易是在自己已经研究并准备好的市场中找到那些"合适的时间，合适的地点"。

对于那些说"你不能择时"的人来说，这通常意味着他们无法把握市场上的时机，所以他们无法想象有谁能做到。记住，你的择时可能并不总是正确的。事实上，你可能只有一半的时间是正确的。学习如何管理正确的选择和错误的选择，才能让你的择时变成收益。如果你想在生活中做任何伟大的事情，你必须停止相信那些说“你不能”的言语，这样的否定词语总是来自那些从来没有自己成功过的人。相反，开始相信那些说你能成功的人吧，他们是已经登上山顶并亲身经历了山顶风景的成功人士。

在追求明星业绩的时候，择时将会把赢家与平庸的人区分开来。要产生大回报，你必须迅速地让你的收益滚动起来。你能产生利润的速度越快，你的最终数字就越大（例如，每月 10%，而不是每年 20%的收益）。在最合适的地点精确建立或减少头寸意味着准确的买入和卖出择时。

当你在交易单只股票特别是较小的股票时，择时会比试图弄清楚整个市场的方向要容易得多。你的工作是把购买时间放在“最小阻力线”上，正如前面所讨论的，最小阻力线是指一只股票能够很快地向上移动的价格水平，并能在随后的很短时间内进行大规模的上涨，我称之为速度交易。

作为追求明星业绩的交易者，你应该总是寻找速度交易，这可以使你在几周或几个月内获得 20%、30%或 50%的收益。伴随着速度交易，你可以很快地让自己的收益滚动起来，即使在几周或几个月内只有 20%或 30%的回报，你都可以让你的钱因为复利效应在更长的时间内积累可观的总回报。

为了对市场甚至是一只股票进行择时投资，你需要利用某种公式化的方法来提高自己获取超过市场收益的机会。图表是必不可少的，我的方法是利用波动性收缩图形（VCP）进行择时，这在我的讲座以及我的第一本书的读者中大受欢迎。（要温习 VCP 并知道我是怎么根据图形特征买入的，你可以去看第 6 章和第 7 章）。

关键 2：不要分散投资

如果你有一个明显的优势，多元化并不会帮助你，它反而会冲淡你的收益。至少，如果你太过分散，你就不会始终如一地获得大的回报。为了产生一个大的回报，你需要集中在 4～12 只最好的股票上，具体多少只主要取决于你的账户大小和风险承受能力。事实上，当事情进展顺利时，我喜欢把大部分钱放在前 4 个或 5 个公司中。不管你听到或读到什么，个人投资者都不需要广泛地分散投资。

我集中持股的理论与传统观念不同，传统观念指出多元化是保护自己不受风险影响的最佳途径，而且还能获得体面的回报。但首先，我对“体面”的回报不感兴趣，我想要“丰厚”的回报。其次，我希望能够控制自己的风险。赞成分散化的人认为，如果一只股票（或板块）下跌，另一只股票就会上涨，它会与你的下跌对冲，减少你的风险暴露，并熨平波动。但是通过把你的购买分散到市场板块和许多不同的股票中，你最终只会得到一个平均值。如果运气好的话，你的回报将与表现最好的市场指数相同（在这种情况下，你可能更应该直接买入标普 500 指数的 ETF）。当然，你可能会因为处在一个令人难以置信的牛市中而让多元化获得不错的投资回报，但那只是因为整个市场都在上涨，产生强劲的回报。多元化并不会持续年复一年地为你做到这一点。因此，你需要在适当的时间将资金集中在最好的公司上。

如果你想追求卓越的投资业绩，比如定期产生 40%～100%或更高的收益，你需要有信心战胜市场。换句话说，你必须生产“阿尔法”。要澄清一点，集中持股并不意味着把你所有的钱放在一只股票中。如果那样做，你可能一觉醒来发现一半或所有的钱都不见了！你可以用集中持有几只股票的方式实现卓越的投资回报。让我们看看 Ken Heebner of Capital Growth Management 公司的例子。肯（Ken）管理着数十亿美元的相对集中的投资组合，他 80%的资金对应的股票很少超过 15～20 个公司。如果肯能用 20 个投资标的管理几十亿美元，那么你肯定可以用 5 或 10 个来管理自己的账户。

我并不是说你要一直激进地进行股票交易。*恰恰相反，在股票上赚大钱的方法是在正确的时机集中持股——当事情如你所愿地运转，朝着你想要的方向前进时。在交易困难时仓位需要轻一些。*这意味着必须把注意力集中在你的股票名单中顶部的几家公司上。如果你有几十家公司的股票，你就不可能有效地做到这一点。有了一个集中的投资组合，就可以密切关注每一家公司的具体情况，并迅速建立或削减头寸。你可以在一瞬间就增加你的市场敞口，也可以同样快速地将股票转换成现金，速度是你最大的优势。

我不喜欢多元化的另一个原因是它给人一种虚假的安全感，好像你可以买一大堆公司的股票然后就可以忘记它们，而这种思想恰恰与你想做到明星业绩的目标背道而驰。通过集中你的投资组合及将注意力放在少数精心挑选和密切关注的标的上，你可以始终如一地产生有意义的回报。只要你对了，就能赚大钱。

如果你认为集中持股是有风险的，我可以把我个人的业绩作为案例分享给你。

2003 年，一家大型的理财公司向我咨询交易的事情，当公司要求审计我的账目时，我绝对配合。一个小团队的会计检查了我的账户和交易确认单，他们甚至和我下单的经纪公司进行了交谈。结果回来后，财务管理公司的负责人给我打电话，“我们不知道你是如何做到这一点的，”他说，“但你有一个阿尔法（超额回报高于市场）高达 212%，贝塔（波动）只有 0.43。”在这期间，我的月份中 88%都是正回报，只有一个季度是下跌的。这是他们所见过的最令人难以置信的业绩，几乎没有下跌或风险发生。

我告诉他们我达到如此高回报的方式大多数机构都不会接受，因为他们会认为这太冒险了。但正如我所解释的，恰恰相反，集中持股让我专注于最好的公司，并迫使我保持超紧凑的风险控制。

关键 3：换手不是禁忌

大多数基金经理和共同基金的另一项原则是，由于佣金和税收原因，他们会使投资组合的换手率保持在较低水平，频繁地买卖股票对他们来说是不利的。但如果你有交易优势，并且运转着一个集中的投资组合，换手可能是件好事。如果你有交易优势的话，交易的进出会进一步加快资金周转，复利效应更明显。在每一次交易中，你都试图在尽可能短的时间内尽可能多地做交易，这样你就可以进入下一个潜在的盈利交易，并最大限度地增加复利。这并不是说你不应该持有表现良好的股票，但你应尽可能减少失去的时间价值。

这里有一个简单的例子：假设你在掷硬币，每次结果是正面时，你会赚 2 美元；当结果是反面时，你会损失 1 美元。考虑统计概率方面正、反面出现次数各占一半，以及 2:1 的收益回报。你投掷的次数越多，赚取的利润越多，因为你有数学优势。股票市场的优势也是如此，我不会因为关心换手率而不让自己卖掉一只股票并买入另一只股票，我也不会因为担心缴纳所得税而减少换手，我的目标是有所得税可以缴纳。当高回报/风险比率出现的可能性较高时，我买入股票。当风险太高时，我出售股票。我从不根据换手率或纳税原因做出买卖决定。

当我在 30 年前第一次开始交易时，我不得不控制自己的换手率，因为那时候的佣金很贵（每次往返大约 350 美元）。我需要一段时间把佣金挣回来，然后才有利润，特别是因为我的账户很小，需要的时间就更长了。今天，没有理由再限制换手率，即使是对于一个小交易账户也是如此。佣金很便宜，你可以轻松地点击一个按钮（甚至用你的手机或平板电脑）来执行交易。随着股价上下波动，有许多机会可以进行波段操作。

至少，如果你得到一个卖出信号，就应该坚决执行；或者，如果某公司看起来很吸引人，你就应该从一个不太吸引人的公司里面腾挪一部分资金投资进去。交易者不会和公司结婚，他们只和公司"约会"。*你的钱应该总是转移到你将得到最好的业绩的地方，并且摆脱那些使你的资本处于危险之中的困境。*当可选股票太少时，你甚至可以选择持币观望。因此，你的大部分换手将是削减亏损和管理风险的结果。在时机成熟的时候，你想抓住一只关键的领头羊，但不要低估小胜利的力量。有交易优势的时候，高换手率就是好事情。

关键 4：始终保持风险和收益的关系

在这里，所有影响卓越回报的要素汇集在一起：包括择时、集中的投资组合、可以买卖的意愿和本节所示内容——管理风险和收益。你已经准备好了借助一次大幅上涨的优势进行投资，有了保护机制，如果有什么不利事件发生，你也可以很快地摆脱头寸。通过不断地重新平衡风险和回报，你可以避开或削弱在你的投资组合中几个高度集中持股公司的不利因素。*你应该对损失采取一种短期视角，并对获利持有长期视角。这意味着你要及时止损，并给获利股票更多的时间与空间。*无论时间框架如何，我总是关注风险/收益关系。例如，如果我认为股票有 15%的交易机会，我把止损点定在 7%或 8%以下。即使我有 50/50 的机会是正确的，这也是一个很好的风险/收益机会，因为我只冒 7%的风险去获得 15%的回报。

你应该每天根据风险和收益来评估自己的仓位。请看下面的例子：早在 2010 年 12 月，我买了 Body Central（BODY）股票，该股在上市 10 个月之后形成了第一个 VCP 图形（见图 10-1）。我冒着 5%的风险参加了这次交易。股票在短短的 6 天里上涨了 40%，我把股票强势卖出，并在短期内赚了一笔可观的利润。

现在，假设我将止损点转移到盈亏平衡点，期望持有股票以获得更大的利润。三个月后，我就能够接近高位了，那时会显示我在该股获得 78%的收益。那会是一笔好买卖吗？不！为什么呢？因为目标是始终保持风险/回报关系。要实现 78%的收益，我不得不让股票承担下跌 27%的风险，以增加 27%的潜在收益。这样看，收益/风险比例只有 1:1。

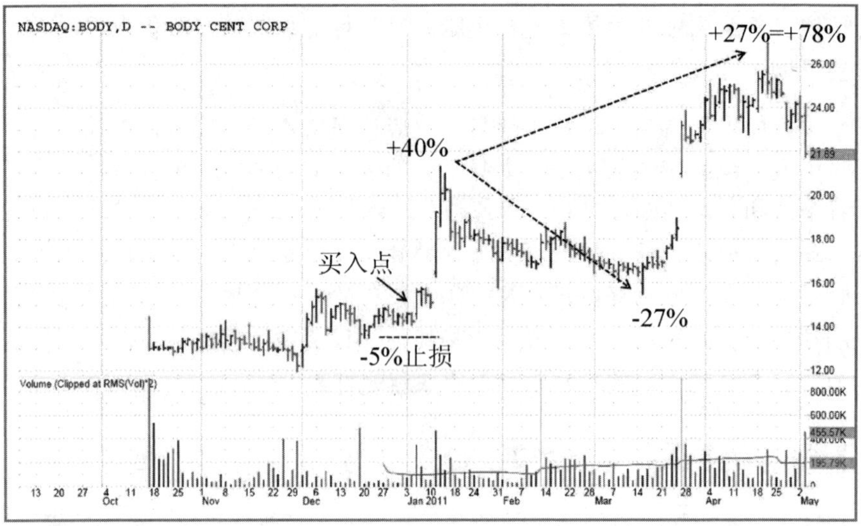

图 10-1 2011 年，Body Central（BODY）股票的走势

控制下行风险的 4 个要素

现在你已经知道了股价上行相关的因素，现在是时候考虑股票下行因素了。即使有精确择时技巧，集中并且密切关注个股的投资组合，如果让辛苦赚来的利润被回撤吃光的话，你也不会获得优异的投资回报。你即使能连续两年获得 50%的回报，却在第三年遭受 50%的下跌，最终会发现其实自己仍在原地踏步，没有任何实质性进展。考虑如下计算：

100+（收益的 50%）=150+（收益的 50%）

=225-（亏损的 50%）=112.50×（年化率 4%）

要想避免大的亏损，你需要换个思路。不要再接受传统的观点，“你不可能不冒风险就能获得大的利润”。如果你这样想，你会接受甚至期待大的亏损。而实际上，你可以把亏损控制在很小的数量级上。

每一个技术型的股票交易员都在讨论如何通过预先设定止损线将损失控制在可以承受的水平上来减少风险。虽然止损是一条很好的规则，但你必须把它设定在合理的水平上才可以控制收益与风险。如果没有找到正确的平衡点，你可能会发现自己冒着很大的风险，但只得到一点点的回报。这里的目标是做相反的事情：

为获得巨大的潜在回报而冒很小的风险。

你不是共同基金经理，不必管理大规模的、市场化的投资组合。不管你认为自己有多“大”，作为个人投资者，即使在交易量极低、流动性较差的股票中，你的买卖也不会影响市场。这是一个巨大的优势，使你能够有效地管理风险/收益关系。流动性有助于提高交易速度和增减仓位的自由。这一套关键要素会帮助你降低投资组合的波动性，并将你的亏损限制住。

要素 1：强势卖出

永远要记住，一般早卖比晚卖好。你买进的股票稳步上涨，你的股价上涨了 20%、30%甚至 40%，你会怎么做？问题的答案可以将专业人士与业余投资者区分开来。

专业交易员在股票强势的时候卖出，他们想在趁有热心买家的时候卖出。而业余投资者看到强势股票则会感到高兴和头晕，认为他们的股票不会下跌。然后贪婪开始，他们选择不卖出。即使一个 30%的收益变成 40%或 50%，他们还是拒绝在应该卖出的时候离场。

当然，在你卖出股票后，股票可能会继续上涨。你可以发牢骚、抱怨因为离场而少赚钱。比如说，获得 40%的收益之后，股票最终价格增长了一倍或两倍，这种事情也是经常会发生的。

但是，如果你不能把精力投入到强势卖出中，就会陷入比错过潜在的利润更大的问题上。如果你等待太久没卖出，上升趋势将结束，股票将崩溃回落。你可能会在第一次探底时犹豫，但毕竟很少有股票只跌不涨或只涨不跌。但是一个 5%的下降变成了 15%的下降，现在你真的不想卖，因为你在为自己没在之前卖出而后悔。可等待的时间太长，股票可能会更加难以出售，让你回吐大部分收益。当你卖出时，你的利润要么大大减少，要么完全被吃掉，这都是因为你害怕错过更多收益而导致的。

与其等待太久而失去一切，不如在股价强势的时候卖出。*当你强势卖出股票时，你的股票价值就是最高点。如果你想保持一个持续上升的收益曲线，就应该学会如何在股票上涨时了结体面的收益。*

过长的等待卖出时机也会让你失去时间价值。如果持有一只巨幅回调股票，你可能要经历几周、几个月或者更长的时间，让它重振旗鼓。在那段时间里，你的钱被套牢在那里，而不是从中获利并进入下一个最好的投资机会中去。

记住关于时间价值的教训：由于复利的力量，如果你能得到一个小而一致的回报，并且反复地重复它，可能会比试图获得几个月甚至几年的更大回报更有效率。

时间价值和复利的力量：

2 个 40%的回报=［（1+40%）^{2}–1］×100%=96%

4 个 20%的回报=［（1+20%）^{4}–1］×100%≈107%

12 个 10%的回报=［（1+10%）^{12}–1］×100%≈214%

这些数字让新手们大开眼界，他们之前只希望获得回报超群的股票，一只股价可以“登月”的股票。但是 8 笔产生 10%收益的交易就会让你的资本翻番。12 笔（平均每个月一次）产生 10%回报的交易将会让你的钱超过原来的 3 倍。所以问问你自己，比起找到 3 或 4 只可以有 40%回报的股票或是找到一只可以翻番的股票，找出 12 只收益 10%的股票是多么容易的事情？这就是机会成本在起作用。

要素 2：在大额交易前先进行小额交易

当你是“正确的”（你的分析起了作用，时点选择很精确）时，你可以在每笔交易中扩大规模并增加你的整体暴露。你可以变得更激进，因为你所做的事情在市场上证明是有效的，你已经建立了一个安全垫，这里的关键是你已经建立了成功的基础。

但是，当事情不那么顺利（也许你的分析是正确的，但时机选择不当）时，不能继续保持激进。是时候放慢脚步，在交易过程中休息一下，分析为什么与市场不合拍了。这时应该让市场引导你，而不是跟着你的意见或预感来交易。培养这种自制力会训练你倾听和信任市场，而不是靠直觉的能力。你的直觉在交易中毫无作用，很少有个人感觉能够代替事实。

在现实交易中是这样运作的：你从所观察的股票列表中购买一些股票，因为它们触发了买入点。一旦你获得了一些收益或一些头寸显示出一些净收益，这些结果将“资助”你更大的交易风险。假设你在一笔交易中赚了 1 000 美元，在另一笔交易中赚了 1 000 美元，总共是 2 000 美元，你现在可以承担更大的交易了。你可以冒 2 000 美元的风险去赚 4 000 美元，因为这种风险已经由 2 000 美元的利润融资了。而且，你的交易在之前的盈利之后变得更积极，让你能更顺畅地使用自己的策略，而不是用你的方式从亏损的深渊中爬出来。

当损失上升时，不仅在经济上，而且在情感上也会造成损失，你的信心会动摇。但是，遵循市场的指导，因为它“告诉”你你的战略和时机是否成功，这样你就不会偏离轨道太远。因此，你的资金和信心将保持完整。

*亏损是有价值的信息，它告诉你什么东西不起作用。你的时机已经不是最好的了，也许市场正在打压股票。*如果事情不顺利，你为什么要把好公司的钱投在坏公司里面呢？如果你这样做了，那么你的自负已经开始操控你投资于自己的观点，而不是投资实际的市场。楷体字所示的规则是让你的回撤保持在低水平的最重要的原则之一。然而，大多数投资者并不是这样操作的。当事情变得艰难时，大多数投资者进行“报复式交易”，企图能尽快恢复。这意味着在亏损的情况下进行更大的交易或加倍投资，以收回损失的资金。偶尔在短期内这样能起到作用，帮助你走出失败的边缘。但从长期看，它只会导致大的亏损并引发灾难。

三个致命的交易陷阱：

① 情绪，使你做一些非理性的事；

② 意见，形成一个限制你的视野的想法；

③ 自负，让你无法承认和纠正错误。

要素 3：总是顺势交易

如果你用相对严格的止损线控制风险，你必须顺势交易这一点尤为重要。如果试图违背趋势，你就会犯错。一旦形成了一个趋势，例如，你喜欢的股票已经受到卖出的压力，此时再抱着股价会涨回来的心理买入，就是非常危险的行为。通常情况下，这种股票反转的可能性很小，而且很难会按照你的预期反转移动的方向。如果你使用相对严格的止损线，即使是一个小的下跌也会让你止损出局。这些损失可以加起来变成大的亏损，所以我们的目标是在损失风险最小的确切时刻买入。

再一次强调，要让市场而不是你自己的观点，决定你应该做什么。当你买入股票时，要顺着趋势的方向去做交易。如果你喜欢的股票价格下跌，那么等到它开始反转重新向上之后，再拿出你辛苦赚来的资本买入该股。

我从不买下跌的股票。我总是顺势交易。这适用于所有的时间框架，从长线投资到趋势交易，甚至是短线交易。让市场引导你使你与它合拍，会增加你获利的机会并帮助你控制亏损。随着时间的推移，你至少可以让亏损变得更少一些。

要素 4：一旦有了不错的收益，保护你的盈亏平衡点

与典型的指导规则相比，这个关键要素需要稍微多一些技巧，但你首先要理解前提——尽早保护你的本金。这种情况发生的时间和方式将在很大程度上取决于市场状况以及你的交易进展的情况。如果市场条件不利的话，我会更快地保护回撤，更快地提高止损线，我对任何不利的举动都不那么宽容。如果我的策略和时间与市场合拍，那么我会更宽容，让我的股票多一点波动的空间。

当你进入一笔交易时，你的止损线设置在入场点下方。但随着交易变得越来越有利可图，你不想再保持原来的止损点。为了保护你的盈亏平衡，你需要把它移动到你的买入价格上。重要的是，你要等到价格上升到合理的水平后再调整止损线，否则你就不会有足够的空间来进行正常的波动，你会扼杀掉交易。

你手中的 8 个关键因素

影响明星业绩的 8 个关键因素以及所有在本书中提到的其他规则，都是我学到的至关重要的教训，这改变了我的表现，让我的业绩实要从平庸到卓越。我意识到，为了获得丰厚的回报，我不一定需要在股市中找到伟大的赢家（尽管这仍然是我的最终目标）。但是，虽然我在寻找那些可以巨幅上涨的股票，但我仍然可以用小的、扎实的收益复合我的利润，从而获得非常强劲的投资收益。这个“B 计划”允许我把 15%～20%的个股收益变成三位数的年回报率，而不是坐等今年或许出现的明星股票。

当我开始以交易谋生时，我必须找到一种方法来从市场中获取稳定的利润。我了解到，随着在市场中机智地进行择时、投资组合的集中以及一些换手率的增加，小幅度的收益也能形成可观的收益，因为你正通过强势卖出和投入到下一次

机会来了结你的利润。以这种方式交易，可以保持你的上行优势，并稳健地累积回报。你也可以通过限制损失来保护自己的利润，同时让自己的赢家股票为新增风险提供资金。

小风险、大回报是可能的，这真的是最好的事情，“既把蛋糕拿在手里，又能把它吃掉”。不要让任何人告诉你这做不到，只要有纪律，你就可以做到，因为我曾经、并且现在都在这样做。

第11章

冠军交易者心态

如果你从小仓位转为大仓位，突然“平均成功率”变差（少赢多亏），原因不是钱的多少，而是你没有遵从你的投资系统。

——Jairek Robbins

贾立科·罗宾斯（Jairek Robbins）是我非常尊敬的一位朋友，虽然他有很多忠实的追随者，并被公认为是一位成功的励志演说家，但我认为他是一个相对未被发现的宝石。作为一个个人业绩辅导员，贾立科专门帮助个人和机构加速他们的进程并享受一个多元化且有效的更好的生活。作为人类行为学的学生，他理解导致自我破坏和阻碍业绩的负面情绪，贾立科是畅销书 *Live It* 的作者。他是神经语言编程（NLP）专家。这是一项非常强大的技术，它不仅对我的交易而且对我的整个生活都产生了巨大影响。

作为 2016 年交易大师项目的一部分，我与贾立科就情感的缺陷和让常人难以企及的优秀业绩的心理触发点，以及交易者可以做什么来克服它们有过深谈。我们专门讨论了，认知调节和 NLP 技术可以帮助个人作为股票交易者提高他们的业绩，降低他们的压力，并享受更好的生活质量。我们的谈话内容很有说服力，所以我必须把它写进这本书里。

马克·米勒维尼（Mark Minervini）：多年来，我已经认识到，恐惧是导致交易者破坏自己纪律的最主要的情绪，害怕错过会使他们追涨，并让他们明知已经错过时机仍要买入。对损失的恐惧使他们过早卖出，从而获利不多，但卖出时其实并没有真正需要担心的理由。而且害怕犯错会使交易者无法果断地主动出击。那么，投资者该如何处理自己的恐惧心理，从而能更有效地交易呢？

贾立科·罗宾斯（Jairek Robbins）：答案是一种情绪状态，我称之为“分离状态”，它让人可以保持在自己最佳的状态中。从结果中分离出来，你就有能力以完全确定的方式进入某种战略。你知道有时候自己会赢，也有时候自己会输，一旦你交易了，就要从后面发生的事情中分离出来。这能使你不受如恐惧这样的负面情绪的影响。为了实现这种状态，你要创造一种被我称为“情绪场”的东西。要做到这一点，你必须“每天填满自己”。

这是一个类比，听起来很愚蠢，但请容我解释一下。把你自己想象成一罐苏打水，如果你只有半满，就连小孩也能压碎罐的侧面。但是如果你被充满压力的正压向外挤，你甚至不会被一个强壮的成年人所伤害。一个满的密封的汽水罐不可能有凹痕。交易者每天都需要做到这一点。他们通过创建日程为自己的交易日填充内容，他们填充资料，填满并加压，之后再开始交易。

“心理演练”就是这样一个例子，这是拳王阿里用来为每场比赛做准备的方法，其他很多运动员也采用这种方法。在解释之前，让我指出一个重要的区别。心理演练并不是可视化，这就是很多人走错的地方。积极的可视化就是想象最好的结果，但那不是事实！对一个交易者来说，那意味着设想每一笔交易都合乎自己的想法，那是不可能的。如果把每件事都想象得很积极结果却出现损失，神经就会崩溃，你所有的担心都会成为现实。

掌控恐惧心理需要进行心理演练。在你的脑海里，从想象做一笔伟大的交易你都需要什么开始。按照你的计划，一步一步地走。首先你应该能毫不费力地进出市场。你也想象自己在做同样的事情，勤奋地执行自己的计划并确定完美的安排，但这一次你会预见到市场对自己不利。股票没有按照预期的方式发展，你的交易亏损了一点并止损出局。你看到自己接受了那份损失，喘口气，抖掉不如意，然后坐下来寻找你的下一笔交易。你的心理演练包括看到自己在某些交易中取得积极的结果，在其他交易中受到打击并承担损失。无论结果如何都能看到自己坚持自己的纪律和计划，你排练得越多，就越能控制自己的焦虑心理。你会看到自己抵制着追逐股票的诱惑，看到自己站在止损点处做出一个小亏损的交易，即使在股票反转向上时你没在船上也没关系。你知道这些事情会发生在自己身上，正像它们对待每一个交易者那样。

每天都要有能力在脑海中演练这些场景，在交易之前，你会为自己将要做的一切做好准备，就像拳王阿里准备接受打击、感受痛苦、继续战斗一样。当拳头真的打在自己身上时，他也有一种精神上的优势，这将使他继续战斗，使他成为最好的拳击运动员。

马克：这是一个很好的解释，并且提供了一些非常实用的建议。我是这么理解的：你必须做到把关注点从结果转移到过程。用另一种运动类比，如果你打棒球，你不会因为集中注意力或者全神贯注于记分板而击中本垒打，你的目标是得分。但是如果你把注意力放在手头掷出的球上，你就会打得很好，分数也会反映出来。当我不再关注金钱去哪里了之后，我的个人业绩从平庸转向卓越，我之前是把注意力集中在记分牌上了。我专注于成为最好的交易者，专注于让每一个决策都是高质量的选择。然后结果出现了，赚钱是有效实施周密计划的结果或副产品。把注意力集中在金钱或结果上只会分散你的注意力，使你无法专心完成所需的工作。钱只有在你执行你的计划之后才会来，所以这就是我所关注的。

所以贾立科，这里又有一个问题。投资者要做些什么才能最优化其每个交易日所做的准备（包括心理和生理上的准备）？

贾立科：作为日常准备的一部分，你需要激活自己的身体，优化自己的精神和情绪状态。除心理演练之外，你还需要锻炼身体。一个小的蹦床就是一个有效的工具，这是调动你的身体的最有效方法之一。横膈膜呼吸（你用膈肌深呼吸、浅呼吸）则让你精力集中，这种深呼吸可以使你体内产生比正常呼吸多 3～4 倍的淋巴细胞。

还有一种我从海豹身上学到的技术，我称之为“盒式呼吸法”，你用鼻子吸气 4 秒钟，屏住呼吸 4 秒钟，然后用嘴呼气 4 秒钟，保持 4 秒钟。这样做 5 分钟，这可以让你集中精力在自己的呼吸上，5 分钟的盒式呼吸法能让你彻底进入分离状态。如果你完全专注于自己的呼吸，你的头脑就不会形成恐惧、焦虑或消极的想法。这样的呼吸能给你的大脑提供更多氧气（很多人感到恐惧时，他们都会感到窒息），你这是在集中注意力并用氧气填充自己！

马克：没错。我曾经告诉那些为我工作的交易员，我可以闭上眼睛、只听呼吸就能了解他们交易得怎么样。如果我开始听到费力的呼吸声，我就知道压力在继续，我了解正确呼吸的重要性。我妻子在练习 Reiki，每天都在练习呼吸。有意识地呼吸能真正帮助你集中注意力，训练你控制自己的焦虑情绪，改善你在压力下的工作方式。

顺便说一下，我刚买了我的第一个蹦床，我超级爱它！它让我精力充沛，我会在白天打网球，而在交易期间我会使用蹦床。蹦床为保持我的血液流动提供了一种新的方式，我办公室边上就放着一个。

贾立科，你已经讨论了一些情绪和身体上的准备，还有什么能帮助交易者在交易日做好心理准备的，特别是在控制他们的恐惧情绪上？正如我在多年教学中所发现的，如果我只给人们制定规则，这还远远不够。对于一件事，他们总是不遵守规则。交易不是确定性的游戏，而是一场概率游戏，而规则是使赔率对他们有利。我可以教会他们使用我的策略和机制，但他们自己都有独特的潜质。因此，如果他们失去了信心，在某些情况下会回归到一种短视的状态，专注于最近的交易，从而失去自己应有的视野。

贾立科：还有另一种帮助确认纪律和遵守规则的准备。在每天交易之前，回顾一下前一天所发生的事情。首先，你要确定交易前一天发生了什么大事——不仅仅是交易胜利，还要包括你坚持执行自己纪律的事，比如为了一个小损失止损。其次，找出两三个由此带来的结果作为经验教训，或者你现在从痛苦的结果中认识到自己应该坚守纪律的经验。每天记下所学到的教训。一些交易者会发现，当他们写下前一天的教训时，他们会一遍又一遍地重复同样的内容。这将持续发生，直到他们掌握了自己需要学习的东西。再次问问自己："我今天应该怎么进步？"然后再把它写下来，这样你就可以记录下你认为需要改进的地方了。

用以下三个问题开始交易日：什么是伟大的？什么是经验教训？我将如何改进？这将帮助交易者从成果中学习并自我改进。把所有的事情都重申一下，心理演练、盒式呼吸法、激活身体，并问这三个问题，这样你就可以为交易日做好准备了。准备也能让你备感充实，这不关乎钱，而是关乎你生活中无法买到的东西——人际关系、健康、视力、听力等，所有这些都为你应付交易挑战提供了充足的条件。当你精神和情感富足时，你就会更好地投入交易。

马克：对！这确实能武装你自己，但要做到这一点，你还需要了解自己。每个交易者都不同，对有些人来说，正确的购买时机是问题所在；而对其他人来说，卖出则可能是问题。我总是建议绘制自己的交易图表，用笔记下买和卖的交易信息。当研究这些交易时，你几乎总能找到一个共同点，就是你反复做的事情。

贾立科，你是 NLP 专家，或者说是研究"语言是如何在大脑中加工"领域的专家。25 年前，我第一次学会了 NLP，并把它融入到自己的交易和生活中。我读了无数有关 NLP 的书籍，并不断练习至今。对于我个人来说，这是一个非常有效的工具。那么，你能否推荐用什么样的 NLP 技术来帮助交易者改善他们的生活和交易呢？

贾立科：NLP 用于训练你认知自己的行为，我们可以把它看作是你的行为、思想和情绪的混合体，目标是训练你找到自己的正确模式。例如，杜克大学的一项研究发现，在我们每天所做的工作中，有超过 40%的模式只不过是习惯和惯例而已！将其应用到交易中，这意味着你所做的 40%是下意识的，这不是你已经决定并采取行动的想法。相反，它是下意识的和内置到你的神经系统的一种习惯。

问问你自己：我已经养成了什么样的习惯？哪些在帮助我，哪些在伤害我？查尔斯·都希格（Charles Duhigg）的书 *The Power of Habit*（《习惯的力量》）中显示，每个习惯只有三部分——提示（或触发）、常规动作和奖励。从识别你交易中的负面模式开始，你不断重复的事情会损害你的交易能力。也许是你交易中的某个场景触发了你的恐惧，这会让你一直以某种方式行事。那不是你经历恐惧，而是你在操纵恐惧！

马克：是的，我喜欢查尔斯的书。我曾向人们解释过，交易是一个独特的挑战。如果你申请一份工作，他们不雇用你，或者你写一份手稿而出版商说“不，不感兴趣”，你可能会气馁，但你可以再试一次。然而在交易方面，每次你有负面的结果，它都会在经济上给你打击。一个交易者犯一次错误，就可能让他的交易账户减少 50 000 美元！在某个时刻，交易者不仅害怕尝试，他也无法尝试！财务损失会使投资者产生恐惧，导致信心丧失。

贾立科：使用认知行为训练，你把注意力集中在让你恐惧的想法和情景上，它们会刺激和制造你的恐惧。除了市场对你所做的之外，你会意识到你是如何创造出让你疯狂的情景和模式的。事情是这样的：你一定为此得到过某种奖励，而至于奖励是什么，这就是你必须弄清楚的事了。也许是冲动的兴奋。或者，当你失败的时候，你喜欢在情绪上打败自己。或者，你也许会因为糟糕的一天而“奖赏”自己，因为这些是你回家的“谈资”。当你说出所发生的事情时，你会感觉到来自配偶、伙伴或其他爱人的关爱和安抚。所以，你为了得到爱和关注而给自己圈定了损失。

如果在检查自己的模式和行为时发现了这些东西，你就可以改变日常生活，而不是再一次被自动触发损失，并开始一个大的“灾难”，你需要培养不同的反应到自己的身体里面。首先，你要在损失周边考虑自己的规则，使用止损来使损失变小等。当你按照这些规则只损失一小笔钱时，你就庆祝一下！跳下椅子，跳个快乐的舞，去告诉你爱的人。你大可在情感上刺激自己的身体，这样你会觉得让损失变小是一场巨大的胜利。

你在用这种模式代替那些旧的、让你进入恐惧和焦虑并带来损失的老套路。这样你才会经历与以往不同的结果，而不是在想象的最坏的情况下让你的老套路出现。立即切断老的路径，训练自己，让自己觉得控制一个小的损失是一场巨大的胜利。

马克：是的，广告上曾经说过我们在艰难的日子过后要犒劳一下自己，这就给你一个回家之后打开一罐啤酒的理由。正如广告所说：米勒时刻到了！我一直说，交易会引发与徒手进入丛林并有老虎向你冲来同样的神经冲动！同样的肾上腺素加速，同样的压力、心跳加快、思维困难等，这都会使恐慌更加严重，而且常常是在完全错误的时刻发生。那么，交易者应该如何管理这种情况，并帮助减少在紧张的交易情景下发生的情感劫持呢？

贾立科：再一次，我们需要回到“加满油”或“把自己填满”并“给自己加压”的话题上。要想让自己保持在最佳状态中，就把自己从 1 到 10 级排序，让自己保持在第 9 或第 10 级，不论是在感情上、身体上还是精神上。如果你在第 8 级或以下，可能是因为睡眠不足或是没有正确饮食，总之你没有达到分离状态，总之你不在状态！此时应该让自己恢复到情绪、身体和心理上的第 9 或第 10 级，这样才可以承受交易的压力。

马克：是的，有人问我如何在交易压力下度过了 30 多年。我的营养、锻炼和心理训练帮助我保持了相对的无压力。这里的关键是坚持，如果你想在这项事业中坚持下去，那么管理好你的身心是非常重要的，这样你才可以在巅峰状态下工作。

正如我所发现的，关键是交易者赋予他们所经历事情的意义。损失是不可避免的，即使是一个好的交易者也可能在一半的时间里有损失。如果每一次失败都令人崩溃，那么他们早就被打败了。如果他们给自己的暗示是“任何损失，哪怕是一个小小的损失都是一种失败”，即使他们遵守自己的规则，并把损失控制得很小，他们也会感到恐惧。除非他们改变对损失的态度，否则他们很可能会退出交易。这里的问题是，自我会导致交易者持有亏损的股票。他们不愿意接受错误，所以他们“坚定持有”。最终，他们会持有一个亏损的头寸，并让一个小的亏损变成一个巨大的损失，然后当他们再也无法承受痛苦时再卖掉。为了改变这一点，交易者怎么能让痛苦/快乐循环为他们工作，而不是与他们作对呢？

贾立科：痛苦/快乐循环可以追溯到经典的条件反射和我们都听说过的关于巴甫洛夫和他的狗的例子。伊万·巴甫洛夫（Ivan Pavlov）是俄国生理学家，以研究狗唾液分泌和胃的相互作用而闻名。巴甫洛夫的著名实验是利用节拍器的刺激，每一次他给他的狗喂食物的时候都会让节拍器发出声音，直到只要有节拍器的声音他的狗就会流口水。这里的原理是一样的。正如我们在 NLP 和认知行为的讨论中所提到的，此时你正在重新训练自己为了按照规则去承担一个小的损失而庆祝。你正在做的是激活良好感觉的循环，因为你控制了自己的损失，打破了将痛苦与损失联系在一起的恶性循环。

这里的关键是要真正庆祝。跳一支舞、播放你最喜欢的音乐、看 5 分钟你喜欢的 YouTube 视频，做一些能给你带来快乐并让你感觉良好的事情。你不能只做一次，你必须使自己有不同的反应，这样能让你重新制定你的痛苦/欢乐循环。遵守规则，减少损失，使之保持小规模并庆祝，然后每次重复上述动作，你的身体会开始将迅速止损并将其控制在较小规模的行为与快乐的感觉联系在一起。

马克：是的，当我的损失只有一点时，我感觉好极了。因为我努力避免有大的损失让我为之痛苦。然而当我第一次开始交易时，我试图通过持有股票来避免大的损失，希望股票能涨回来并帮我摆脱困境。结果，我正好达到了自己想要避免的目标！这就是持有规则和坚持它们的重要之处。然而，在制定规则的人中，只有少数人能恪守规则。同样的现象也发生在节食、锻炼和交易中。为什么很少有人能有自己的纪律？你是怎么从散漫到有纪律的？

贾立科：这是心理学的一个非常有趣的区域。如果你观察行为心理学，会得知我们不过是机器，我们有能力“编程”，自己以某种方式行事。如果你研究认知心理学，则会得知我们是感性的人，我们产生正确情绪的能力决定了我们将如何行动。认知行为心理学是这两种方法的结合。人本主义心理学特别关注幸福——特别是“什么能使一个人达到最佳的幸福状态和最健康状态”。我们应该相信哪一种？事实是，它们都是对的，只不过是在某些时候正确。

在认知心理学中，目标是在你做正确的事时情绪很好，比如，当你遵守自己的交易规则时。同时，在没有遵守规则时需要承担负面后果。有一个应对方法就是考虑当你遵守规则、保持纪律时会出现的所有积极的回报和收益。列出这些奖励和福利的清单，每天增加 5 个积极的结果。此外，你还应该列一张清单，列出你不遵守规则时所产生的所有负面的、痛苦的后果。每天增加 5 个负面的结果，每天你都大声地读两个清单。这样你就可以真正地感觉到你遵守规则的积极结果，而当你不遵守规则时就会产生消极的后果。

在人本主义心理学中，你的目标是成为最健康、最快乐、最充实的自己（从马斯洛的需求层次出发，确保你的基本需求得到满足）。有了自我意识，你就开始探索需要什么能让你进入最快乐、最健康的状态，而这会成为你遵守规则的强力支撑。你吃饱了吗？情绪平衡吗？你是处在一个健康的环境中吗？你不可能指望一个处在半饱、每晚睡四小时、生活在一个没有暖气的、霉菌滋生的地下室里的奥运选手能表现得很好。很明显，一个奥林匹克运动员需要最好的照顾和支持来表现自己最好的一面。凭什么你会认为股票交易比奥运会运动员需要承受的少，特别是在情绪和心理压力方面？要做好交易，需要遵循你的规则，并且需要在你的身体、情绪和心理上保持最好的状态。

马克：有了互联网、社交媒体和 24 小时新闻，就有了信息超载的可能。我有给我带来巨大成功的策略，因此我对自己所做的事情有着难以置信的信心。这帮助我能够坚持下去，忽略了外界的影响和“声音”。一个新的交易者应如何建立自己的信心来遵循自己的规则而忽略外部力量的影响呢？

贾立科：就我个人而言，我不看电视，读到的新闻也有限。我之所以这么做，是因为营销心理学。电视节目的目的是让你在精神上和感情上对看电视上瘾。只有你继续看，那些节目才会从广告中赚更多的钱。那些广告是为了让你买你看到的东西，整个过程都是为了让你在情感上和精神上上瘾。

显然，交易者确实需要信息来交易。但是，我认为有比让所有信息都涌进来更好的方式。要想避免信息超载，首先你要开启自己的过滤器，只接收所需要的信息。这需要你负责安排信息来源和时间（YouTube 和流媒体让你可以自由地选择需要的信息源）。阅读你想要的，把其余的都关上。提前确定你要找什么，收集信息，然后继续前进。不要让自己被那些无用的信息所淹没，从而分散注意力。更糟糕的是，别人的意见会让你把自己的决策抛至脑后。你要购物时，进购物中心直接走到你想要的东西的货架前就好；如果需要新鞋，就不要去书店或家居用品部。如果你像其他购物者一样闲逛并把所有的东西都看一遍，那么你会分神并让其他人的“意见”（也就是商品）影响你决策的概率就会大很多。当涉及信息的时候，要有敏锐的洞察力，并设置过滤器来防止噪声和干扰。

马克：大多数交易者都不能长期坚持策略或风格。一旦战略陷入困境（每一个策略都会有这种情况），他们就会放弃和改变。在这个行业里，我们称之为“风格漂移”。因此，他们成为一个善变的人，一个无主的人。你是如何建立信任和长期坚持从而让自己坚定不移地执行战略或纪律，让你渡过艰难的时刻，以便你能最终掌握它的呢？

贾立科：在罗伯特·格林（Robert Greene）所写的 *Mastery* 一书中，区分了“精通”和“浅尝辄止”。他的研究有很大的启发作用，假设你开始涉及新的事物，并不断取得进步，直到你突然到达一个没有办法继续进步的停滞期。接下来会发生什么事呢？浅尝辄止出现了，最初有乐趣，然而在事情转向困难的时候变得灰心。半瓶醋的人会改变方法或尝试一些完全不同的东西。刚开始学习的那段时间是有趣的，但当那段时间过去，浅尝辄止的人会改变并尝试别的东西。

然而，大师的行为则完全不同。当到达第一个高原时，追求精通的人会后退一步，意识到这些环节是漫长学习历程的一部分，是可以预料的；然后他们投入更多、实践更多。精通就是在克服这些高原并把它们作为磨炼经验的机会之后出现的。其间，自己的表现可能会受到影响，但通过这段时间的磨炼，自觉和自律的人所获得的将远远超出高原的痛苦。使用这种方法的人将重复前进的过程，并熟练掌握专业知识，直到精通为止。如果你只想简单涉猎，在每次受阻的时候都转向新的策略，那么你将永远无法坚持一个足够长的时间来产生你想要的回报。

马克：我认为这是我的最强大的特点之一，我不在任何领域浅尝辄止，我信奉全身心投入，我称之为“消除借口因子”。当全身心投入的时候，你所使用的框架与浅尝辄止的时候完全不同。“涉足”天生就包含着“借口”因素，“嗯，我在这件事上并不是很认真”“否则，我可能会做得更好”。要想变得伟大，你必须投入。人怎么可以一检测到他们的“信仰冲突”就重置或调整那些信念以使之为自己的目标所服务呢？

贾立科：一种相互矛盾的信念应该是：“我要有卓越的投资业绩并赚取数百万美元，但我不想把时间花在学习投资或做功课上。”这就像在说，“我想成为 NBA 巨星，但我不想练习打篮球”。想要结果而又不愿做工作是一种常见的冲突信念，你必须注意自己的想法和行为。对于努力追求目标的人来说，这种追求会体现在他们的日历上。你是这样的吗？你是否在为实现你的目标而投入时间？你是不是花了 110%的时间来完成工作？一个真正追求精通的人会表现出全身心的投入。一个有着冲突信仰的人则很容易表现出这样的特点，想要结果却又不努力工作，就像一个总说自己非常健康但从体型上看就有健康问题的人一样。

在投资中，你需要面对现实。打开你的交易账户，看看你有多“健康”。你是否一直在赚钱？回报是否比你所冒的风险(损失)大？还是你经历了巨大的波动？冲突很可能就是源于你想要的和你愿意为之付出的两者之间不匹配。

另一个相互矛盾的信念是你说你想要什么，以及你相信什么是可能的。有些人说他们想成功，但内心深处却不相信这是可能的。这种相互矛盾的信念会阻碍他们实现自己想要达到的目标。作家拜伦•凯蒂（Byron Katie）试图让人们摆脱恐惧和焦虑的折磨。她的技巧之一是问一系列问题，比如说，你意识到虽然你想成功，但你却不认为这是可能的。你问自己的第一个问题是：“这是真的吗？”你真的不能成功吗？答案可能是肯定的，或者否定的，或者你自己也不知道。但在你问这个问题之前，不能暴露出相互矛盾的信念。假设你的回答是“不，那是不可能的”，接着第二个问题是“无论何时，无论在哪里，都是这样吗？”如果你是诚实的，你就没有办法对这个问题回答说“是”。任何事物都不可能在任何地方、在任何时候都保持真实，甚至万有引力定律都无法做到这一点！现在，你已经为自己打开了另一扇大门。

第三个问题是问自己是否是那种相信局限性的人。你是最软弱、最焦虑的那种人吗？或者，你是最强大、最自信、最热情的那种人吗？通常，你的目标是成为后者！第四个问题是问如果没有这些局限性的信念，你会是什么样的人。通常的答案是你不会有压力，也不会害怕，你会很放松、很有自信。有了这四个问题，你就可以扭转局面了，你意识到这是可能的。任何时候你发现自己有矛盾或局限性的信念时，就问问自己上面的问题。

马克：靠什么可以支持积极的心态或状态呢？

贾立科：它每天都在，基于你的思想、你选择关注的东西、你对自己说的话以及你下的决心。这里有一个例子，你在交易中犯了错误，你扪心自问（你在那一刻选择关注的）：“我这是怎么了？”你的大脑会开始分析所有的数据和信息，告诉你到底发生了什么。很快，你会感觉很糟糕，觉得自己很差劲。同样类似的问题比如“我为什么这么白痴”，也会让你的大脑给你答案，让你觉得自己是个白痴。那么，如果要对犯错误或不遵守你的规则做出反应，你可以问自己一个不同的问题。比如你问自己：“为什么我总能找到一种有用的方法？”此时事情就不一样了，你会看到自己的创意和弹性。如果你发现自己被情绪化了，问自己一些能让你回到正轨的问题。比如，不是问“为什么我要那样做？”，而是问“我怎样才能提高？”，这样你不仅避免在第一个问题上浪费时间，还能在第二个问题上关注学习与提高。

马克：是的，问有力的问题，你就会得到有力的答案。问蹩脚的问题，你就会得到蹩脚的答案。也经常有人问我问题。那么你是如何获得信心和信念来交易大的头寸的？

贾立科：你可以从更小的起点开始。比如说，开始你可能只冒几分钱的交易风险，一旦你完善了自己的规则、磨炼了自己的纪律，那么此时把你的交易从一美分增加到一美元（或者几千美元）就不会改变什么。因为这不关乎钱，而是关乎纪律。从美分到美元，除现金数额外没有任何变化。无论你是在玩小额游戏还是玩大额游戏，都不要偏离你的系统。

马克：当看到信号的时候，你是如何避免恐惧和麻痹并能及时出击的呢？

贾立科：首先，交易者需要理解恐惧对他们的作用。恐惧只不过是你的神经系统在问你是否准备好了。麻痹发生在你没有准备好的时候，尤其是在没有心理排练的情况下，你会不知所措。

例如，假设你是个穴居人，当你离开洞穴的时候你看到了自己的矛，但是你告诉自己“我不会离开很久的，我不需要带上我的矛”。当你走入丛林，看到身边的树干开始摇晃并听到野兽的叫声时，你被吓呆了，因为你没有准备好保护自己。现在，考虑第二种场景。当你离开洞穴时，你带上你那把可靠的矛。这一次，当树干开始摇晃并听到野兽的叫声时，你是不会感到害怕的。此时你应该感到兴奋，因为你将把猎物带回家！

最好的防御恐惧和麻痹的盾牌就是做好准备，确保自己有工具，并知道如何使用它们。如果你坐下来交易时感到害怕，就证明你还没有准备好。准备一个清单，把你在交易前需要的所有日常准备工作列在上面，这样就能使你感到身体、情绪和精神上都为交易做好准备。是否做了心理排练；是否理解和认可自己的交易策略；能否遵守自己的规则；是否针对长期趋势和自己想买的股票做足功课……如果所有这些事情都到位，你就没有理由吓呆了，正如上述第二种场景下的穴居人，你会把猎物带回家当食物！

马克：交易者在经历了一系列亏损后如何保持信心？这可能发生在一个打高尔夫球的球员或者一个投丢了三分球的篮球运动员身上，他们能做些什么才能重回正轨呢？

贾立科：继续遵从你的系统。如果这个系统是正确的，并且你确实遵守了规则，那么它回到正轨只是时间问题。在这段时间里，你可能想要调整自己的交易规模。但如果它是一个经过验证的系统，你也没有偏离规则，它将让你重新获得盈利能力。你必须对自己诚实：你真的在遵从系统吗？如果你正在改变某个部分，或者只执行部分规则，那么你就不是在遵从整个系统。如果你不是真的使用它，它就帮不了你。

马克：当你还没有足够的能力来产生可接受的结果时，你如何保持学习曲线的积极性？你如何知道是你自己的问题而不是系统的问题？

贾立科：在我所有的经验中，无论是一个运动员或是一个辅导他人的心理学家，或是需要完成指标的销售代表，都要面对所谓的“监督的学习曲线”。换句话说，就是需要有人盯着你，或者给你不断的反馈，从而帮助你发现错误并改进。你需要一个外在的视角来展示你看不到的东西。如果你没有和某人一起工作，那就让你的结果作为反馈机制吧。没有灰色，只有黑与白。打印出你的交易结果，这样你就可以看到你赢与输的现实了。

马克：我怎么知道是否有了正确的导师或者教练呢？

贾立科：这很简单，你的结果和态度会告诉你答案。结果会自我证明，如果你聘请一位教练，你会始终如一地听取他的意见。如果你 100%接受了教练的建议和指导，但是你的成绩在一段合理的时间内却恶化了，那么你可能找了一个错误的教练。这可能是因为教练的理念与你不契合，或者教练表达的方式不具启发性。但不管原因是什么，你都必须找到最好的匹配才能帮助你成功。

马克：你认为人们应该需要多长时间才能精通？是否存在一个让他们应该放弃的点？就我个人而言，我认为人们应该“无条件地坚持”，这意味着他们有一种永不放弃的信念和坚定地坚持到底的信心。能说说你的看法吗？

贾立科：首先，你必须决定自己想要达到什么目标，以及将如何去实现它。当我们讨论“精通”的时候，我们知道前进的道路上会有障碍。你必须坚持一些东西，认识你自己，磨炼你的技术，直到精通为止，这是一个过程。人们常常低估达到精通的时间。在交易中，他们可能低估了需要的投入，比如涉及的科学和心理学。所以他们放弃得太早，因为他们还没有意识到学习曲线的长度。

想一下医生必须接受多长时间的教育，以及他们需要多么勤奋地准备学习。你认为只需要 6 个月吗？你会去看一个只学了 6 个月的医生吗？你会相信一个只学了 12 个月的律师所给出的法律建议吗？在任何领域，都需要 8～10 年才能获得认证或达到博士学位或类似的水平。如果你不愿意投入那么多时间，你怎么能期望获得博士学位？研究表明，要想成为一名大师，需要 10 000 小时的练习，不是 10 000 小时的准备，而是实际的练习。所以，如果这是出发点，你愿意做多少小时的交易作为实践？为了实现超级回报，它需要一个长期的、多年的、持续的努力。

马克：谢谢你！我知道这次谈话会给本书增添一个重要环节，让读者学到纯粹的交易机制之外的东西。内容太棒了！再次感谢。

作者简介

Mark Minervini（马克·米勒维尼）是畅销书《股票魔法师——纵横天下股市的奥秘》的作者。从刚起步的数千美元，马克把他个人的交易账户规模增长到数百万美元，连续 5 年平均收益率达到 220%，并且没有一个季度出现亏损，总收益达到了令人惊叹的 33 500%。换句话说，仅仅 5 年时间，他用 10 万美元投资本金使账户增长到了 3 000 万美元。

为了检验他创造的 SEPA 投资方法的可靠性，马克投入了 25 万美元加入全美投资大赛。与高杠杆的期货与期权投资者同台竞争，马克仅使用股票多头策略就赢得了比赛，当年投资收益率达到 155%。这个收益率几乎是同台竞技投资经理的两倍。

在 *Momentum Masters: A Roundtable Interview with Super Traders* 一书以及 Jack schwager 撰写的 *Stock Market Wizards: Interviews with America's Top Stock Traders* 一书中都提到了 Minervini 的投资特点。Schwager 这样写道："Minervini 的投资业绩令人震惊。大多数投资者和投资经理哪怕仅达到他最差的一年的回报率——128%，都会沾沾自喜。"

马克通过 Minervini Private Access 系统向投资者传授 SEPA 方法，这是一个流通信平台，可以让使用者实时与他一同进行交易。他还举办了交易大师项目（Master Trader Program），他在周末的活动中集中向学员传授自己的投资策略。你可以在 www.minervini.com 上进一步了解他。

EARN WHILE YOU LEARN
Trade with Mark Minervini – LIVE!
Buys & sells in real-time.
Access archive and current holdings.
Forward alerts to your cell phone or tablet.
Market commentary and general market strategy.
MINERVINI PRIVATE ACCESS™ | PREMIUM MEMBERSHIP
Real-Time Platform allows you to trade side-by-side with Mark Minervini and receive his up to the minute buys & sells as they happen right on your PC, cell phone or tablet.
Interactive Training Room is where Mark reviews trades, conducts educational study sessions and answers your questions while you view his trading desktop LIVE!
TradingLogger™ Gives you the tools to track, analyze and perfect your trading with proprietary analytics. Take control and know the truth about your trading.
"Most traders would be delighted to have Minervini's worst year – a 128 percent gain – as their best."
Jack Schwager
Stock Market Wizards
"One of the most highly-respected independent traders of our generation."
Charles Kirk
The Kirk Report
To learn more go to: www.minervini.com